走近香港廉政公署

王捍忠　著

国家行政学院出版社

·北京·

图书在版编目（CIP）数据

走近香港廉政公署/王捍忠著．—北京：国家行政学院出版社，2019.5

ISBN 978-7-5150-2284-0

Ⅰ.①走… Ⅱ.①王… Ⅲ.①廉政建设-检察机关-概况-香港 Ⅳ.①D676.583.4

中国版本图书馆 CIP 数据核字（2019）第 038852 号

书　　名　**走近香港廉政公署**
ZOUJIN XIANGGANG LIANZHENG GONGSHU

作　　者　王捍忠

责任编辑　李雪菲

出版发行　国家行政学院出版社
（北京市海淀区长春桥路 6 号　100089）
（010）68922366　68929037

编 辑 部　（010）68928866

经　　销　新华书店

印　　刷　北京凯德印刷有限责任公司

版　　次　2019 年 5 月北京第 1 版

印　　次　2019 年 5 月北京第 1 次印刷

开　　本　170 毫米×240 毫米　16 开

印　　张　10

字　　数　141 千字

书　　号　ISBN 978-7-5150-2284-0

定　　价　59.80 元

序　言

回归祖国怀抱已经22个年头的香港，在举世瞩目下风采依然，更加繁荣稳定。世界普遍公认，香港之有今日，首先得益于“一国两制”方针的成功实践和《中华人民共和国香港特别行政区基本法》在全中国全面贯彻实施。

基本法规定，回归后成立的香港特别行政区的政治制度、经济制度和生活方式都不变，法律也基本不变。香港政治社会中不少开埠以来具有生命力的机制、机构、规例甚至习俗习惯，都在回归后得以保留，不仅为700万本港市民所珍惜，而且与划时代的特别行政区继续同步发展，臻于完善，发扬光大，这个过程也被全中国13亿多人民逐渐熟悉。其中有一个既被经常点赞却又难以知详的机构，让人始终感觉有些神秘莫测，那就是被两地同胞称为“包青天”的香港廉政公署。

最近，国家行政学院出版社出版的一本新书帮我们揭开了那层神秘面纱，书名叫《走近香港廉政公署》，作者是一位曾长期在媒体和香港工作过的学者、青年公共外交家王捍忠。

作者用了多年时间探究香港廉政公署的来龙去脉，搜集了它从成立至今的大量资料、数据以及各类代表性案例。他不仅翻阅了大量资料，更通过自己敏锐的思考，将廉政公署的成立、发展回顾、运作系统、对内地反贪工作的启示娓娓道来，全书共分上、中、下三篇，夹叙夹议，有不少精彩的心得之笔。

王捍忠在书中引经据典，用讲故事的方式介绍了廉政公署是怎样在1974年的香港应运而生的——那是基于广大市民长期以来一再强烈要求坚决肃贪的呼声。20世纪60年代后香港跻身“亚洲四小龙”，在繁华的表象下港英政府、公共机构和私营机构内部，以及它们之间盘根错节的贪腐与日俱增地膨胀起来，“走后门”“茶钱”“黑钱”“派鬼”等各种变相贿赂事件陈出不穷，渗透到了社会各个有交易发生的角落，市民们深受其害却又不能不委曲面对，几乎“桌底下不掏钱就办不了事”。港英当局起初对此持“睁只眼闭只眼”的态度，甚至把屡次反贪腐、诉求改善民生的游行示威定性为”骚动”“暴动”，进行残酷镇压。但是反抗的怒火不能扑灭，1973年香港爆发第一次股灾后，破天荒地，逾万名教师上街游行反对减薪和贪污，让当局者慌忙“收回成命”，开始认真考虑严重的贪腐问题。当然，首先是要在政府内部肃贪，首当其冲恰恰是负责查处贪腐的警务处，焦点人物并不是所谓“贪污是华人社会传统”的本地小官儿，而是刚刚提出退休申请的总警司英国人葛柏。葛柏原来就是个在“祖家”混不下去的痞子，凭着白皮肤高鼻子，到香港来摇身一变穿上警服，“五毒俱全”，残暴镇压民众的“骚动”“暴动”，甚至因此步步高升。关于他的劣迹早不是秘密，当局者接到过许多举报，连其他英联邦国家地区都知道，可就是拿他没办法。当局者只好下决心另起炉灶，筹建一个独立于警务处的肃贪机构，直接对最高当局者一人负责，这个机构就是翌年开张的廉政公署，打的“首虎”就是葛柏。廉署一炮打响，深得民心，成百上千封举报信纷至沓来，而且75%～80%是实名举报。那些犯事儿的人一听说廉署打电话来请“喝咖啡”，不管身份地位多高都会心惊胆颤。

王捍忠把香港廉政公署年复一年的运作及特色，展示在希望“走近”的读者们面前。廉署在逐步积累起的正反经验中，认识到社会上的一切交易运作都相互关联着，光在政府部门搞肃贪反腐不行，还必须涵盖所有的公共机构和私营机构，更重要的是必须扎根于广大社区的基层民众中，才能“眼观四面，耳闻八方”。廉署还认识到，光搞肃贪反腐不够，更需要防范于未然，所以使命是调查、预防和教育“三管齐下”。廉署运用自己的专业知识和经验，帮助政府各有关部门和私营机构制定了一系列防止贪腐的具体规定和相应措施，例如财产申报制度、操守审查制度、政府采购制度、利益申报制度、财产管理制度等，每年向私营机构提供的各种防贪服务多达300项以上，涉及餐饮、酒店、金融、房地产、中小企业、慈善团体、楼宇管理、学校等诸多领域，力争“有求必应”。随着运作的日趋成熟，香港廉政公署逐渐从中国特区走向了国际舞台，依据基本法规定，以“中国香港”名义与国际刑警组织合办了“跨域联手灭贪污”会议，加入了由亚洲开发银行及经济合作发展组织联合推动的亚太地区防贪计划，使香港获得了“廉洁之都”的美誉。

反腐永远在路上。正如作者在书的开卷中所说：“从人类脱离原始社会以来，腐败就开始诞生，成为人类文明的头号公敌，是国家安定的最大障碍，是人们追求福祉的绊脚石。”作为根基在于人民、血脉系于人民、力量源于人民的中国共产党，在领导中国人民进行革命、建设和改革的近100年历史进程中，始终高度重视反腐和肃贪工作。我们党始终视贪污腐败等侵害人民利益的现象为大敌，党的力量越壮大、党的事业越发展，党就越加重视。党的十八大以来，以习近平同志为核心的党中央把反腐败斗争再次提上新高度。习近平总书记在庆祝中国共产党成立95周年大会上发表的重要讲话中指出，我们党作为执政党，面临的最大威胁就是腐败。习近平总书记的重要指示，同样为香港特别行政区廉政公署的健康发展指明了方向，廉政公署同样需要“不忘初心、继续前进”的精神支撑，任重而道远。

中央政府对于香港特别行政区廉政公署的运作和所发挥的重要作用一直给予高度肯定，并且认为“他山之石，可以攻玉”。在一个国家、一本宪法和基本法、两种制度和两种法律体系的框架内，香港廉政公署的一些成功经验值得内地有关部门借鉴和参考。我们始终鼓励推动两地相关部门加强司法互助，加强合作交流，以不断提升两地打击跨境犯罪的成效。中共中央党校（国家行政学院）出版集团出版发行王捍忠的《走近香港廉政公署》一书，适逢其时。这本书会引领内地各行各业的广大读者更多、更深入地了解香港廉政公署，同时还为监察纪检工作人员提供了一份相当丰富的了解香港同行的宝贵资料。

原国务院港澳办常务副主任　陈佐洱

前　言

香港胜在有 ICAC

腐败，在汉语中指人和物品的变质。在文明政治领域，指偏离规则、道德、传统和法律的行为，表现为行为人利用管理公共事务的权力为个人谋取不合法的利益。

从人类脱离原始社会以来，腐败就开始诞生，成为人类文明的头号公敌，是国家安定的最大障碍，是人们追求福祉的绊脚石。漫长历史发展过程中有名目繁多的权钱交易、贪污受贿、徇私舞弊行为，腐败活动的毒害性有目共睹。

腐败活动是政治实体上的恶性毒瘤，危及整个政治实体的稳定和发展，决定着它的生死存亡。腐败活动之所以具有如此巨大的破坏性，是因为它在社会政治、经济、文化、道德和人际关系等方面有着不可低估的腐化作用。

20 世纪 70 年代的香港，就遭受了这种危害。贪污成了香港政坛最大的弊端，“贪污行为根深蒂固，影响了社会的每一个阶层”，警方的严重贪污更是引起了民众的强烈不满，当时的港英政府与人民的关系十分紧张，民众集会抗议运动不断，政府公信力尽失，港英政府的统治风雨飘摇。在自上而下的改革和自下而上的反抗这两股势力的压迫下，港英政府的合法性受到拷问，香港政治架构的革新势在必行。正是在这种情况下，廉政公署诞生了。

廉政公署一经成立，香港的社会风气就有了翻天覆地的变化。有人说，1974 年（廉政公署成立的时间）是香港的“界限”，那之前的香港属于黑夜：无序、没有安全感、没有是非；1974 年后的香港，有了秩序，有了黑白分明，正义与邪恶开始有了明确的标签。

“廉署请喝咖啡”（请接受廉政公署调查）人尽皆知，铁面无私、执法如山成为廉政公署的代名词，令犯事者闻风丧胆。

从 1975 年“葛柏案”到 2014 年前政务司司长许仕仁案，再到 2017 年前特区行政长官曾荫权涉贪案，随着一系列大案要案的严厉查办，香港早已成为世界上最廉洁的地区之一，以廉洁、法治、文明的国际形象屹立于国际政坛，为世人乐道。

德国的“透明国际”是世界上较早成立也较有权威的研究国际廉政的非政府机构，每年都发布世界各国（地区）廉政排行榜。自 1995 年以来发布的历届廉政排行榜上，中国香港地区一直名列前茅。

清明廉洁的政治风气深得民心，香港人集体高呼“香港胜在有你同ICAC”。这既是真实的民意，也是廉政公署的宣传口号。如此简洁的口号和其方方正正的标识一样，成为民众心中的正大光明！

时至今日，香港特别行政区廉政公署已被视为坚毅的反贪典范，香港地区的法治与文明，很大程度上得力于廉政公署这一独特的机构，为其他国家和地区的反腐行动提供了思路和成功范式。

中国自古以来就十分重视反腐工作，从诸子百家时代就已经开始探索如何预防国家和人性的种种腐败。进入新时期，我们党站在历史和时代的高度，一直十分重视廉政建设，提出了一系列行之有效的重大措施，从各个方面推进党风廉政建设。党的十八大以来，我们下大力气解决贪污腐败问题，取得了新的重大成果。腐败问题关系着党的生死存亡和民心向背，反腐败工作任重道远。党的十九大报告依旧强调，“腐败是我们党面临的最大威胁”。反腐，我们一直在路上！

政治有国界，反腐无国界。在反腐倡廉的路上，借鉴其他国家或地区先进的反腐倡廉经验尤为必要。在这一情势下，香港特别行政区廉政公署的反腐制度设计和运作模式无疑是我们研究、探讨学习的重要经典教材。

本书深入回顾了廉政公署成立的时代背景，全面总结了廉政公署的组织架构和运作机制，在此基础上思考盘点对内地反贪工作的诸多启示，并从较为广阔的视角，深刻阐述了学习廉政公署、防贪反贪对于建立良好社会秩序的重要意义。

为了形象生动地再现廉政公署的工作机制和态度，书中引用了许多真实、经典的案件和数据，增强了本书的故事性和可读性，以期引起大家的心理共鸣和广泛社会效应。

王捍忠

2018年1月于北京

目　录

上篇　廉政公署的成立与发展回顾

中篇　廉政公署的运作系统初探

下篇 对内地反贪工作的启示

上　篇
廉政公署的成立与发展回顾

导　读

廉政公署的诞生是当代香港社会史上最重要的里程碑之一。

为什么香港于1974年成立了廉政公署?

其既有其深刻的时代背景，是社会矛盾发展到一定阶段的必然产物；又离不开民意心声，以及关键时刻英雄人物的引导性作用，是时事、民情与政府之间三方互动的结果。

盲目夸大任何一种因素，都失之偏颇。本篇旨在开拓思维空间，使廉政公署的诞生脉络更清晰，画面更壮阔，背景更真切。

第一章　应势而生——廉政公署的成立

时代背景：20 世纪 70 年代的香港社会是什么样的

香港廉政公署（Independent Commission Against Corruption，缩写ICAC），原称“总督特派廉政专员公署”，于 1974 年 2 月 17 日组建，后更名为“香港特别行政区廉政公署”。它是一个与所有政府机关相脱离的、独立的专职反贪机构。

作为一个快速改变香港社会风气的部门，廉政公署的成立绝不是偶然，自有其复杂的时代背景和社会因素。

人们不禁要问，20 世纪 70 年代的香港，究竟发生了什么？

很多人对那时候香港社会的认知源自电影，比如《廉政风暴》《廉政第一击》《金钱帝国》等。的确，艺术来源于生活，从这些风靡一时的港产片中，确实可以窥探到当时香港社会的缩影：混乱无序、贪污盛行，警察与黑社会势力勾结，民不聊生。

1973 年，地处珠江出海口的香港，已经戴上了“亚洲四小龙”的桂冠，经济正处于起飞阶段，社会上一派歌舞升平的繁荣景象。

这一年，港英政府利用从税收中积累的大量资金，开始兴建公屋，为中下层民众提供符合基本要求且租金低廉的住房，市民的居住条件有所改善，生活水平得到提高。

这一年，香港无线电视台首次举办香港小姐选举，时年 19 岁的林青霞第一次出现在《明报周刊》的封面，成为港人茶余饭后津津乐道的谈资。

可这繁荣的表面之下，却隐藏着巨大的危机。

这一年 3 月，香港第一次股灾爆发，恒生指数由 1700 点暴跌到 500 点，全体股民陷入恐慌之中。与此同时，一场逾万名教师参加的反对减薪游行也在街头进行，规模之大，在香港史无前例，港英政府被迫“收回成命”。

实际上，这样的反政府游行早在 20 世纪 60 年代就比较突出了，最具代表性的就是 1966 年的“九龙骚动”和 1967 年的“六七暴动”。这两次大规模的社会骚动都昭示着尖锐的社会矛盾，以及民众对政治腐败和社会风气的强烈不满。

香港政治腐败问题的严重程度和其经济发展的速度是成正比的。香港自开埠以来就在英国殖民当局的统治之下，在经济起飞之前，香港经济主要依靠自由港地位，从事转口贸易，经济规模不大，官员的贪污腐败问题并不严重。20 世纪 50 年代后期，香港的制造业迅猛发展，香港成为亚洲主要的轻工业生产和出口地区，财富增长迅速，官场特别是纪律部队内部缺乏约束和惩治机制，官员受贿、贪污的现象愈演愈烈，市民为了维持生计及快速取得相应的公共服务，只好被迫用“走后门”的方式。当时“茶钱”“黑钱”“派鬼”等各种变相贿赂的事情层出不穷，市民不仅熟知门路，甚至将贿赂当成生活的日常。

灾难性的是，警队竟然是贪污问题的重灾区。在警察部门，腐败现象尤为严重，当时受贿的警务人员包娼包赌、贩毒赌博样样参与，社会秩序失控加剧。一个名叫韩德（Ernest Hunt）的警司，在贪污入狱时承认，在他 19 年（1954—1973 年）的警察生涯中积累了 500 万港币的财产，他说，“贪污在香港警察队伍中是一种生活方式，就像晚上睡觉、白天起床刷牙一样自然”。

除了在警队，公共服务机构的贪污现象也相当严重，例如，救护人员送病人就医前要索取“茶钱”，消防队员开水喉（自来水管）灭火要收“开喉费”，医院病人也要“打赏”给扫地的清洁工，才能取得开水和便盆，对于这些潜规则，市民痛恨不已，却又不得不从。

民众对此甚为不满，20 世纪 60 年代中期一度在社会上颇有影响的反对港英统治的情绪也开始抬头。在这社会矛盾异常尖锐的时刻，以香港大学青年学生为主体的文化精英挺身而出，在他们的号召下，各种抗议活动此起彼伏，对港英当局构成了极大的压力。

对于腐败现象，港英当局并非全然不管，从 1948 年港府制定《防止贪污条例》开始，到 1956 年成立贪污问题常设委员会，再到 1970 年《防止贿赂条例》的颁布，港英当局没有停止寻找解决贪污问题的办法，但由于对华人文化的偏见（认为贪污是华人的传统），以及对殖民地管治思维的局限（对香港的殖民地价值不够重视，采取放任而为的态度），一直是以微调细补的方式应对，并没有对贪污采取大规模的、切实有效的行动。唯一能令殖民地政府改变态度的，往往是重大政治丑闻与社会危机的出现。

历史的车轮行进到 1973 年，这个危机终于出现了，港英当局如梦初醒，他们非常明白，如果不能彻底地展开反腐败并且从制度层面开始革新，港英政府的殖民统治就会受到极大的挑战。

直接原因：反贪污、捉葛柏

廉政公署成立的直接原因（即导火索），就是“葛柏案”的发生与查处。

1973 年 4 月底，香港警方收到来自加拿大的情报，指控已经提出提前退休申请的总警司葛柏（Peter Godber），其海外银行户口有异常情况，并已将大量金钱汇到海外。事实上，警方在 1971 年就已开始对葛柏有所怀疑，并对他展开了调查，但始终没有找到有力的证据证明他涉嫌贪污。当收到最新情报后，当时的警务处长薛基辅知道事态严重，马上责成检举贪污组全力调查，加快收证，绝对不能放过葛柏。薛基辅的强烈反应，很大程度上与葛柏的身份背景以及该案的特殊性有关。

葛柏的案件之所以轰动，一方面，由于他把“贪污是华人社会的传统”偏见彻底粉碎，开埠以来最大的贪官竟然不是华人，而是百分之百的外国人，这让港英政府很挂不住面子。另一方面，葛柏身份特殊，背景深厚，他简直是个传奇人物。这位 1922 年出生于伦敦的英国人，1952 年在香港警队任职，被任命为见习副督察，但他能力超强，短短三年间就晋升为助理警司。而他最为人称道的，是在“六七暴动”中的指挥能力。他长期负责警员防爆训练工作，“暴动”期间也参与前线指挥，表现出卓越的指挥能力，也因此在 1967 年 7 月再度晋升为总警司，在香港警方的地位仅次于警务处处长和副处长。

葛柏不仅能力突出，个人生活作风也节俭低调，从不请客吃饭，生活方式甚为简朴，所以他出事后很多人都感到吃惊。

无论如何，葛柏在 1970 年《防止贿赂条例》通过后，已经明显感觉到形势不妙，担心港英政府要动真格的，所以在 1972 年 1 月，刚 50 岁就提出了提早退休的申请，获得批准后，他安排 1973 年 7 月 20 日作退休前的休假。但到了 1972 年 5 月，当他再度要求提前离职时，检举贪污组已对他展开了全面调查，警队不但拒绝了他的申请，甚至把他调回警察总部，安排他直接隶属于警务处副处长，以便监视。事实上，调查人员已要求全港 487 家持牌银行：如与葛柏夫妇有业务关系的，马上向警方汇报。为了加快调查进度，警方更派员直接到有可能被葛柏利用的银行做实地调查。截至 1972 年 5 月底，警方查出葛柏存有或汇款到海外的金额总数约为 65 万港元，这个数目与他任职警队以来的总薪金相当，表面证据成立，葛柏又退休离港在即，警方虽仍未能证明其财产乃是贪污所得，但认为不可再拖延，必须先发制人，于是当即向警务处处长申请勒令葛柏暂时停职，以接受进一步调查；并在律政司的建议下，首次引用当时的《防止贿赂条例》第十条作为法律依据，要求葛柏在一星期内解释其财富来源。在通知葛柏受审当日，调查人员搜查葛柏的寓所及汽车，分别在其寓所和汽车内搜出 3 本疑为“收取黑钱”的记录册及一批与其财富有关的文件，还有两盒银条。

点算这些证物，葛柏的表面财富已超过 437 万港元，差不多等于他在警界任职以来全部薪金的 6 倍！以当年的物价和工资水平来说，葛柏绝对算得上超级富豪！

搜查葛柏行动结束后，警方随即部署，决定在 1972 年 6 月 11 日，即葛柏解释财富来源的一个星期限期届满时，如果葛柏不能做出合理解释，便立即拘捕他。同时，为了防止葛柏畏罪潜逃，警方更要求当时的人民入境事务处通知其辖下启德机场的各个关卡人员，禁止葛柏离境。但是法例上容许的这一星期的“真空期”却令形势发生逆转，在 6 月 11 日前，因为还没有充分的证据证明葛柏有罪，警方无权逮捕葛柏，也不能采取任何法律行动。于是 6 月 8 日，葛柏凭借一张警务人员机场禁区通行证，绕过入境事务处的检查，成功登机潜逃返回英国老家。

由于“葛柏案”的特殊性，该案件的进展早就被炒得沸沸扬扬。现在，葛柏却在警方的眼皮子底下公然成功潜逃了，消息见诸报端后，积怨已久的民愤瞬间爆发，来自各阶层的市民纷纷走上街头严正抗议，港九各地上千人在港岛的维多利亚公园举行大型集会，“反贪污、捉葛柏”的口号响彻云霄。

为平息民愤，当时的港督麦理浩委任高级副按察司百里渠成立调查委员会，彻查葛柏逃脱原因，检讨当时的反贪污工作。1973 年 10 月，港英政府采纳了调查委员会的建议，于 1974 年 2 月成立了独立于警务处及其他政府部门的廉政公署，致力于打击贪污，随即接手调查“葛柏案”，全力缉捕这位红极一时的总警司归案。

时势造英雄：“魅力领袖”麦理浩

在廉政公署的设立进程中，有一个人是无论如何都绕不开的，他就是当时的香港总督麦理浩（Murray Maclehpse），在廉署成立的过程中功不可没，被称为“魅力领袖”。

在《香港二十八总督》一书中，作者张连兴这样说道：

“麦理浩设立廉政公署是一件十分有意义的事。在英国殖民地统治下的香港，当然不可能完全杜绝贪污现象，但是有了这样一个严肃的机构，对于打击贪污犯罪，防止贪污的蔓延和扩大，确实有一定效力。”

甚至有学者认为廉政公署的反贪运动，是麦理浩“全盘公民教化工程”（moralizing project）的一个重要部分，以塑造新的公民认同，向大众灌输崭新的权责意识和公共伦理。换言之，这并非无心插柳之举，而是一个政治人物改造殖民地政治面貌的精心构想。

麦理浩何人？在廉署的成立过程中，为何说他功不可没？

★ 港督麦理浩

1971 年 11 月 19 日，麦理浩到港履新，成为香港第二十五任港督。他的任命，打破了多年来英国政府从军部或殖民地调任官员出任港督的传统。他的到来，标志着英国管治香港态度和方针的重要改变，是英国内部政治发展在香港的体现。

20 世纪 60 年代，受工党执政的影响，英国国内发起了一场风起云涌的政治变革，引入了反种族歧视、反性别歧视法律，进行福利制度改革，等等。对于殖民地，对于帝国的前景，英国人的考虑都发生了改变，他们看到了更长远的前景，知道整个世界的殖民地时代已经过去了，下一步来临的是非殖民地化以及国内的贫富差距问题。来自伦敦的影响很快波及香港，再加上“六七暴动”引发的香港和内地关系问题，这些都引起了英国人的注意，他们知道再也不能把这里继续当成过去那个无足轻重的“殖民地”来管理了。在政策上，英国开始取消“殖民地部”编制，殖民地事务交由外交部接管；对海外殖民地的正式称呼，也从 Colony 或 Crown Colony 改为 Territory。这些细小的变化，都标志着英国对香港问题的态度变化。

★ 麦理浩其人

麦理浩是苏格兰人，早在第二次世界大战之前他就被派到中国，先后在汉口、福州担任署理领事、署理总领事的工作，1947 年调回英国外交部，历任英国驻多个国家的外交官。

麦理浩担任港督有哪些突出的特点或者说是优势？洪清田先生总结出三点。他说：

“麦理浩具备三个方面的条件和知识：一是身为殖民地总督，知道殖民地总督在英国的架构里该做什么，明白他自己的身份和任务。二是任过外交官。不但能看到英国，也能看到其他国家、民族、种族和文化。外交官员跟殖民地官员一大不同是——没有殖民地官员那么以我为主。外交官比较多元，知道平衡各方利益和多方面观点。站稳自己的立场，但一定要多方面多角度考虑问题。三是在经济、行政管治上，麦理浩有社会主义和英国保守主义的那种‘慈善’的心态，有社会主义的元素在里面。还有，他的行政能力非常强。”

洪清田先生的总结非常中肯，麦理浩的行政风格确实谦逊有力，这从他上任伊始接受采访时对自己的定位就可以感受到。关于麦理浩来香港带来了什么？他自己说：“我当时并没有从伦敦带来任何指示，也没有一张工作的清单。我抵达启德机场时，有人问我的首要工作是什么，我的回答是，我首先得熟悉这份工作，增加自己对这个地方和市民的了解。”

从这简短的几句回答，外交官言辞的谦逊、圆滑及滴水不漏，得以彰显。但这并不能掩盖麦理浩硬朗的执政作风。麦理浩在任十一年间，在各个政策领域都推行大刀阔斧、影响深远的改革，比如，免费义务教育、公共房屋计划、发展新市镇，投入文艺康乐专题项目，还有建立郊野公园，等等。这些措施为香港带来了一番新气象，麦理浩也被市民认为是历来贡献最大的港督。

当然，在麦理浩众多的改革政绩中，1974 年成立廉政公署是最为人津津乐道的，也最铭记于史的。

★ 力推改革，下令成立廉政公署

生活充满了戏剧性，政治也是。有趣的是，加强打击贪污问题并不在麦理浩香港履新优先处理的事项清单当中。他的就职演说词里，没有一句话提到香港的贪腐问题，更没有展露他打击贪腐的构想和改革抱负，反而是在处理“葛柏案”与英国朝野的较量过程中，自然而然为之。

葛柏逃回英国后，自以为万事大吉，却给英国内政部和港英政府出了一道天大的难题。一方面，香港市民严正要求引渡葛柏回香港受审；另一方面，根据英国的《逃犯法令》（Fugitive Offenders Act），两个管辖区间的引渡安排前提是有关人士所牵涉的行为必须同时在两地均属违法，方能进行，但未能合理解释财富与官职收入不相称的行为，在英国并不是犯法，所以英国政府内政部对港府引渡葛柏的要求，表示爱莫能助，无法配合。

在英国外交部的调停下，英政府内政部与港府经过长达几个月的讨论，依旧无果，葛柏始终逍遥法外……

焦灼之下，英国内政部的声音倾向于成立一个由英国政府任命的调查委员会，麦理浩对此坚决反对。作为殖民地总督，他明白自己的根本任务就是要维持香港的有效管治，但要做到这一点，先决条件是要取信于民，方可确立港府的权威。而要确立港府的权威性，必须尊重民意，靠实际施政表现以合法性政府的面貌示人，展现出有维持社会稳定和发展的能力，不需要外力插手。

如何拿捏与伦敦的平衡关系？如何维护香港高涨的民意？麦理浩比他的前任们面临的压力都大，这非常考验他的执政能力。

事实证明，麦理浩向香港市民交出了合格的答卷。

1973 年 8 月，英国外交部向麦理浩转述了要求英国政府成立调查委员会介入的情况，并表示伦敦最终可能会接纳这种建议，或会调派英国警队资深探员到港去调查警队贪污问题。麦理浩抓住机会，明确向英国外交部透露港府会成立新的反贪部门去处理警队贪污问题，并已决定由警务处副处长彭定国为主管。明显地，麦理浩成立廉政公署的最大动机，就是如何避免英国的直接介入。

麦理浩选择了1973年10月17日做出这个重要的公布，非常巧合的是，英国国会也在当天议程讨论香港的贪污问题。到了这一刻，麦理浩非常清楚伦敦不会安排引渡葛柏回港，也不会对《逃犯法令》做出任何修改，他知道必须要为香港带来一些好消息才能平息民愤。在他的坚持下，1974年2月15日，《廉政公署法案》于立法局三读通过，“总督特派廉政专员公署”这个令贪官污吏闻风丧胆的名字，便从此诞生了。

偶然中的必然：香港廉政公署的诞生

当然，把所有的功劳都归于麦理浩、过分夸大他的能量是不客观的。20世纪70年代发生在香港的廉政制度改革并非是一种制度突变，而是经年累月的渐变结果，经历几代人的共同努力，功劳绝不应只算在个别人身上，也不应只视之为对“六七暴动”的回应。香港廉政公署的出现，充分体现出决策过程中“路径依赖”（path dependence）的特点。“路径依赖”的意思是，在公共决策的过程中，眼前的抉择往往受从前的决定左右。从前的政策讨论，即使有关建议最终未被采取，也会在官僚体系记忆中累积下来，成为日后政策讨论和制定的参考。

1974年出现的廉政公署，有两个很重要的制度基础，令它有别于从前的反贪机构。

第一，它是一个独立于警队、只听命于港督的反贪机构，与从前设于警队内部的检举贪污组性质完全不同。

第二，廉署的最有力武器，是1970年通过的《防止贿赂条例》第十条，把未能合理解释财富与官职收入不相称等同贪污，这也是反贪法律上的重大突破。

但有关这两个关键环节的讨论，早在20世纪四五十年代就开始了，经历了多任港督的持续努力，方能开花结果。1948年，在当时的警务处长麦景陶的推动下，港府通过了《防止贪污条例》（Prevention of Corruption Ordinance），如被控告贪污的公职人员未能合理解释财富与收入不相称时，容许法庭接纳此为呈堂证据，判案时可予以考虑。20世纪50年代末期，时任港督柏立基（Robert Black）改组了贪污问题常设委员会（下文简称委员会），大大提高了它的级别，改由律政司担任主席，也为反贪工作带来新动力。委员会建议进一步把未能解释财富与官职收入不相称定为刑事罪行，可惜未能成功。同时，委员会也明确提出把反贪部门独立于警队的构想。到了戴麟趾（David Trench）（第二十四任香港总督）年代，他终于把上述概念变成了重要的反贪法律框架，并把它纳入了《防止贿赂条例》中，大大有利于日后的反贪检讨工作。但对于成立独立的反贪部门，他却做出了妥协，容许警队有数年时间去证明自己的反贪决心。最后，要等到麦理浩在葛柏风波中才决定拍板成立廉署，结束了多年的讨论。

论及香港廉政公署的成立，还有一个人物的作用不可忽视，他就是当时的高级副按察司百里渠（Alastair Blair Kerr）。葛柏逃回英国后，他的潜逃本身也成了一个调查对象，百里渠被任命组织调查委员会，调查潜逃事件以及就香港的贪污问题和相关法例进行研究。在后来被称为《百里渠报告》的文件中，他向麦理浩提出建议："有识之士一般认为除非反贪部能脱离警方独立，否则大众永不会相信政府确实有心扑灭贪污。"言下之意，意味着港府有迫切需求设立一个独立的肃贪机构。百里渠的报告不仅得到社会舆论的普遍支持，还与麦理浩的看法互相呼应，麦理浩接纳了百里渠报告中的建议，促使廉政公署的成立。所以，百里渠和麦理浩两人都是廉政公署得以成立的关键人物。

综上所述，1974年香港社会的制度变革，是20世纪40年代以来政府内外无数人的共同努力所致，没有他们早年的创新思维、反复辩论和精心部署，最终的局面可能会不一样。

举步维艰，葛柏引渡之难

任何新生事物的发展，都不会一帆风顺。

廉政公署成立后，在早期的筹组和工作中，可谓困难重重，麦理浩很快就遇到了两个棘手的问题：首先是用人的问题，是用有警队工作经验的人还是招募新人？各有利弊；其次是廉政公署要建立威望，要取得市民信任，始终要解决一个问题——如何把葛柏押回香港受审？

★ 廉政公署成立初期的用人策略

麦理浩成立廉政公署后在用人上处于两难的境地：一方面，为了保证廉署的独立性，既要独立于英国，又要独立于警队，得尽量采用本地化的用人策略，启用没有警队工作背景的当地人；另一方面，从经验上论，香港长期以来的反贪工作都由警队负责，除警队以外，实在不知从哪里可以找到有类似调查经验的专才。

几经衡量，麦理浩还是任命姬达（Jack Cater）为首任廉政公署专员，彭定国为首任执行处处长。姬达的事迹港人大都耳熟能详，他因“六七暴动”期间的工作成绩而为港英政府所器重。彭定国是警队中的一个传奇人物，他曾在多个英国殖民地工作，专攻情报工作。他于1960年来到香港，出任助理警务处长，主要职务是主管政治部，1964年获晋升为警务处副处长。麦理浩的用人策略为他惹来不少非议，很多人指责他用有警队背景的人担任廉政公署工作人员，相当于自己查办自己，简直是开玩笑。但麦理浩思来想去，实在无法完全避免倚重原有的警务人员，在首年运作中，执行处五分之一的职员均为前警务人员。即便如此，很多人也因为承受的压力太大在短时间内就选择了离开。廉政公署早期的岁月，便是在这种跌跌撞撞、仓促成军的情况下举步维艰度过的。

★ 成功引渡葛柏

1974 年廉政公署成立，但“葛柏案”并不是马上就有进展。

葛柏之所以选择逃回英国，原本是打着这样的“如意算盘”：由于港英两地法例不同，英国并没有“财政状况与官职收入不对称”的控罪，因此港府难以以此罪名引渡他回港。

这对刚成立的廉政公署的确是个史无前例的挑战。但这个新的反贪机构并未气馁，下决心要找出新证据，将这个大贪官绳之以法。

当时廉政公署（以下简称“廉署”）派出多名首长级人员和数名高级调查人员共同组成核心调查小组，根据警方先前找到的蛛丝马迹，积极寻找破案线索。可惜，物证虽有，人证却无。

经过不懈的努力，廉署的调查工作终于有了新突破。当时一名涉及另一宗贪污案的外籍前警司，在狱中表示愿意向廉署提供葛柏贪污的重要罪证。他透露曾目睹葛柏收受一名华人前警司 2.5 万港元贿款，以帮助该华人警官取得湾仔警司的“肥缺”。廉署执行处处长及副处长亲自参与搜集证据，他们多次到狱中向这名前警司录取口供。有了这个证人，廉署立即拘捕该名华人前警司，并于 1974 年 4 月 29 日通过英国警方协助，将葛柏拘捕。涉案的这名华人前警司也答应转为廉署污点证人，指正葛柏的贪污罪行。

人证物证俱在，廉署马上部署引渡葛柏返港受审的行动，但葛柏在引渡聆讯中矢口否认罪行，令引渡工作一再受阻。最后，经过近 8 个月的数度聆讯，伦敦法庭终于判令把葛柏押解回香港受审。

1974 年 2 月 17 日，葛柏在香港维多利亚法院接受审讯。当时港英政府专门从英国聘请优秀的法律专才来港出任此案的检控官，反映了港英当局对此案的重视和打击贪污的决心。经过 6 天半的审讯，葛柏终被判串谋贿赂罪和受贿罪，受到了应有的惩罚。

葛柏案终于尘埃落定。此案不仅成为廉署肃贪倡廉工作的重要里程碑，也重新激活了市民对香港司法制度的信心。

1977 年，葛柏刑满出狱，律师一早就到监狱接他，葛柏出来后直接坐上律师的车，由两部警察的摩托车开道，直接前往机场，飞往西班牙，从此不知所终。

事情并未就此结束，葛柏欠香港的钱，400 多万港元和利息一直未还。有当年跟进葛柏案的廉署人员说，至今也没有封存葛柏案的文档，一天没有他的下落，就一天不封存。直到现在，香港政府也未放弃对葛柏的追责，当旧的判决就快失效时，就更新签署判决，为的是维持向葛柏追讨那笔钱的权利。

当然，那些钱追回来的希望虚无缥缈，但香港政府这么做，目的在于对犯罪者宣示："你跑，就要一直跑到死。"

春风化雨，廉政公署成立后香港的繁荣稳定

葛柏案对香港影响深远，而廉政公署的成立也成为香港社会体制从无序转变为有序，以及成为名副其实的法治社会过程中的关键一环。麦理浩说："由姬达和普德加（警方前任政治部主管）筹备成立的廉政公署具有惊人的效率，在侦查贪污方面十分成功。后来它引入新的管理制度，使行贿受贿更为困难。廉政公署的成立扭转了香港的贪污情况，和社会福利的增加一样提升了香港的国际形象。"因此，"葛柏案"对于整个香港的建设，可以称得上一场"于无声处的革命"。

在短短三年之内，廉政公署迅速发展成为一个具有相当规模的反贪污机构。具体表现在以下两个方面。

第一，组织结构建设完善。廉政公署于 1974 年开始运作，它的独特之处不单在于它只向港督负责的独立性，还在于它所主张的肃贪倡廉的全方位反贪工作。也就是说，廉署不单单是一个执法部门，不只接受市民检举投诉及进行调查检控，它还锐意去推动社会观念的革新，要公众认识贪污的危害，教导他们如何杜绝这种陋习，这种全面移风易俗的反贪观念非常先进。为了推行其全面的反贪主张，廉署成立后很注重组

织建设，在结构上，廉署内部设有三个专责部门：执行处、防止贪污处、社区关系处。在人手和资源上远胜从前，给人气象一新的感觉。

第二，各个部门均取得傲人业绩。在短时间内，廉署已经取得了香港市民的信任。在办案上，执行处成功把葛柏送进监狱后，再接再厉，又成功把退休交通事务处考官简平绳之以法，并充公他贪污所得的90万港元，大快人心。紧接着，又把前探长戴福入罪，并由法庭下令没收其516万港元的“黑钱”。在1974年至1976年间，廉署平均每年检控数字为200宗左右，这个数字，是警队在1968年至1972年间平均数目的5倍之多！

从1974年2月到1977年10月，廉政公署以贪污罪一共逮捕了260名警官，“将恐惧感深深地打入贪污者心灵”的努力已经相当成功。

执行处硕果累累，防止贪污处也有出色业绩。作为一个崭新的反贪尝试，它的职能是设法减少政府公共部门或私营机构的贪污机会。在最初两年，防止贪污处先后审查了多个最有可能出现贪污情况的公共服务流程，当中包括大陆非法入境者的入境手续、工地契约的审批、非法殓葬、新界特别留用地区、公共屋屯单位分配、法定承建商投标程序、市政局选举及租务管制、驾驶执照发牌制度、车辆安全检查及消防装置安全标准审定，等等。这些向来都是贪官“捞油水”的环节，成为防贪处专门针对的重点，令相关部门的领导不敢掉以轻心。

社区关系处是廉署最具野心的制度创新，因为这个专责部门的工作是直接走入社群，教育公众贪污的祸害和廉洁的重要性。在成立首年内，廉署便在港九新界设立了8个社区关系处。1976年，廉署制作首套宣传廉洁价值的电视片集《静默的革命》，该剧讲述了青年阿邦本来志愿做医生，他为了维护公平而放弃自己的理想，后来决定投身更有意义的廉政工作，跟贪污罪行对抗的故事。在社区关系处的努力下该剧家喻户晓、深入民心，成为那一代人的集体回忆。

廉署的工作落地生花，香港市民渐渐开始认同姬达及其团队的反贪决心，并以实际行动支持廉署的工作。这种情况，反映在两组数字上：

一是市民愿意挺身而出举报贪污的数字有明显增加，比警队检举贪污组专责反贪的时期增加了一倍以上；二是越来越多的市民愿意以真实姓名提出投诉。这不仅反映出大众对廉署的信任，同时大大改善了举报的质量，廉署可以对投诉做更深入的调查和跟进，直接提高了检控工作的整体成效。

民众的满意反过来又增强了廉署的信心和决心，“假如我们纵容贪污分子公开地、广泛地滋长，致使社会的道德沦亡、诚实守法的市民受害，我们的社会断不能确保安宁，市民的福利更无法保障。”姬达的这番豪言壮语，即是明证。

如风裹裳，铿锵而行，1977 年警廉大冲突

社会改革必然会触动一部分权力阶层的利益，在反贪问题上，这种制度改革更是面对根深蒂固、贯穿整个地区政权和社会秩序的腐败势力，个中的难度和复杂绝非一个法令即可平息。廉政公署成立后，在反贪的道路上可谓是“如风裹裳，铿锵而行”。

★ 警队是被投诉的大户

就在廉政公署的工作逐步取得成果之际，在社会的暗角里也开始出现了对廉署的批评与攻击，不断试图拉它的后腿。本地工商界对廉署雷厉风行的作风便颇有微词：他们同意廉署打击政府内部贪污情况是合情合理的，但认为以同样的准则处理私人机构的商业活动却大可不必。

当然，最大的反对来自警队。

自廉署成立以来，警队持续地成为被投诉大户，在 1974 年至 1976 年间，廉署收到有关政府部门的举报中，至少有一半牵涉警员，整体来说，廉署每三宗接获的投诉中，便有一宗是针对警队的。警员对廉署的不满情绪，可想而知。

廉署进取的工作作风，也引起了个别法律界人士的关注和批评，他

们对廉署拥有的广泛权力表示担忧，甚至在舆论上也有声音指责廉署权力过大。就连伦敦方面，个别官员似乎也有类似担忧。向来对港府有偏见的英国外交部警政顾问马干便专程到香港了解廉署的运作情况。在这种四面八方的指责声中，姬达承受的压力非常之大。

麦理浩自然也感受到这股低气压，他明白葛柏案为廉署带来的“蜜月期”已经结束了，纵使公众依然普遍认同廉署铁面无私的强硬作风，但要确立新的廉洁社会价值观并不能一蹴而就，不得不考虑到政治现实，做出相应的调整。在权衡形势下，麦理浩同意廉署在未来有放慢步伐的需要。

然而，那些先前干过坏事、担心自己随时会身陷牢狱的警员，不会因为这三言两语便平静下去，他们对廉署的怨愤始终有增无减。有人喊着要求廉署要对成立前所有贪污问题网开一面，不予追究。总而言之，警员的怒火差不多已经到了爆发点，情绪随时失控。

但麦理浩坚持认为，警队纵然有所不满，也应该至少给廉署多两年时间肃贪倡廉，否则前功尽弃。麦理浩之所以如此坚持，是为了配合姬达要在 1977 年底前全面击破有组织的集团式贪污的宏图大计。经过几年的反贪历练，姬达很快便认识到贪污现象并非单纯的个人失德行为，也不只是个别贪官秘密进行的勾当，最令人忧心的是本地的贪污已发展到近乎明目张胆的集团式行为。关于贪污集团的危害性，《总督特派廉政专员公署 1975 年工作报告中》有明确交代：

“所谓贪污集团，即是说一群为数十名、五十名甚或更多的公务员合谋贪污，他们罔顾法纪，以集团形式专门榨取金钱，利用不执行职务或不履行法定的任务来换取报酬。虽然目前廉政公署的调查工作，仍然着重警察的贪污组织，但其他部门，如工务司署、市政事务所、新界民政署、缉私处等，亦有同样集团存在。不过，最令人深恶痛绝的，无疑是涉及警务人员的贪污集团。因为，根据研究所得，这些集团专门包庇毒窟、非法赌博及一般犯罪活动，和不会放过任何有利可图的机会，甚至有些集团确实与黑社会同流合污，狼狈为奸，膏利分肥。”

姬达下定决心把集团式贪污定为廉署调查的首要目标，并豪言要在1977年底前击破有组织的集团式贪污。“1976年及1977年将是公署及全港市民予贪污分子以迎头痛击的时刻”，但他也许没有想到，这场反贪决战会如此惨烈，如此触目惊心。

★ 油麻地案与1977年警署大冲突

廉署这场反贪决战的一个重要部署，就是要把一个活跃在油麻地果栏一带的贩毒集团连根拔起。这个自1975年开始运作的犯罪集团，在区内贩卖海洛因，全年的成交规模近千万港元。这个集团于1977年初被警方击破，被捕的集团首脑“沙尘超”却透露出背后有组织的贪污网络——油麻地警署内明显存在一个贪污集团，长期包庇这些近乎明目张胆的贩毒活动。廉署因此迅速介入，并于1977年初先后向多名警察问话。到了1977年9月17日，廉署认为时机已成熟，决定于清晨时分大举拘捕相关警员。这次行动，动用了执行处的百余名成员，分成50多个小组，到多个地点对目标人物进行拘捕。这次行动，廉署人员分别到了油麻地警署、九龙总区刑事总部及多处警察宿舍，拘捕了40多名现时或曾经驻守油麻地警署的员佐级警员，是廉署成立以来拘捕人数最多的一次。

即使廉署在行动之前已经知会了警方高层，这次到警署高调地拘捕警务人员的动作，也把廉署与警队的紧张关系推向了一个临界点。但拘捕行动并未完结，在之后数天内，廉署再拘捕40多人，令警队内人心惶惶，油麻地警署内甚至有高级警员突然失踪，下落不明。同年10月25日，廉署再次发动大规模的行动，拘捕了34名隶属旺角警区的警员，当中包括3名警司、4名总督察及1名高级督察。事有凑巧，黄大仙警署16名警务人员因涉嫌妨碍司法公正及受贿的案件，也于同日开审。廉警关系已到了一个濒临决裂的局面，香港上空弥漫着“山雨欲来风满楼”的紧张气氛。

忐忑不安的警务人员，在1977年10月26日终于按捺不住，要进行反击。这场反击部署精密，在 26 日当天，警员代表兵分多路，全面出击。200 多名来自港九各个警署的代表，很多已被廉署调查的警务人员，齐集九龙城警署，在一个名为“反迫害研讨会”中，就廉署起诉及调查手法、警员士气及污点证人等问题，对廉署大肆抨击，并商讨下一步的行动。当日下午，先有几名代表前往九龙警务总部，会晤高级警司麦迪宁，呈交了一封函件，要求与警务处长施礼荣会面，并提出多项诉求。

同天晚上，在黄大仙警署宿舍也有另一项“香港警察伸张司法公正”座谈会，300 多名警务人员及家属参加。

这些都只是热身动作，更大的动作在后面。

27 日晚上，约有 8000 名休班警员及家属出席了花墟球场大会，再次宣泄对警署的不满。会上，很多人大声指责廉署调查手法的卑劣。

这一连串的集会和示威活动，一下子把社会气氛变得非常紧张，令人感到更多的冲突会随时发生。事实上，警方当日也收到廉署深水埗分区有炸弹的举报，虽然只是虚惊一场，但也令廉署上下更加忐忑不安。示威人士眼看群情汹涌，再度号召 28 日进行游行，集体到警察总部要求与警务处处长见面。

当大部分示威警员离去时，100 多名示威者意犹未尽，前去和记大厦廉署总部“请求廉署调查他们”。廉署职员想把大门关上，但已经来不及了，情况十分混乱，发生了冲突，有数名廉署职员受伤，廉署安放于门口的招牌也被破坏。

这次警廉冲突令各界震惊，大家都为香港的治安问题深表担忧。港府为了化解警廉冲突，做出了一系列的妥协，比如接纳了成立员佐级警务人员协会的要求，甚至考虑应否对在廉署成立前所犯的行贿罪行既往不咎。

滋事警员对港府的这些回应并不满足，他们的真正意图在于寻求特赦。为了达到诉求，他们进一步把示威行动升级。11 月 4 日晚，员佐级警务人员协会筹委会召开千人闭门会议，请求政府答应他们的特赦要求，否则将采取“鹰派行动”。虽然与会者并没有明言什么是鹰派行动，但却强烈表示将会“按章工作”，甚至拒绝执法，如对违例车辆和小贩更“有礼貌”，他们的行为得到了警察协会的支持，这令港府感到非常不安。

★ 麦理浩宣布特赦

事态发展到这一步，麦理浩自己也感到震惊了，他明白到眼前的示威者，是决心要与港府和廉署斗到底，所以必须迅速来个了断。

考验麦理浩政治决策能力的时刻又一次来临，这个外交官出身的官员又一次显示了他高超的平衡能力和领导才能。

1977 年 11 月 5 日下午，麦理浩在港督府内召开保安委员会会议，除警务处处长外，也把港岛和九龙总区的指挥官、政治部主管和姬达一并找来。审时度势，麦理浩和其他港府高层一致认为绝对不能采取武力镇压，否则会造成香港治安崩塌。在兼顾各方利益和主张的前提下，麦理浩坚定地认为，既要平息危机，又要保住廉署和港府的尊严。故此，特赦令必须要令大部分警员受惠，化解危机，又不能放过公然挑战港府的带头闹事者。这些人不少是因油麻地果栏贪污案调查而策动今次对抗的核心成员。因此，追溯日期的确定就非常重要和有技巧。有人提出把追溯日定在廉署成立当天，但假如以此为分水岭，就会令这次动乱的头目得以逃出法网，而且香港的贪污情况也并非在廉署成立当天就马上消失的，而是在 1976 年才得以渐入佳境，很多重案仍在调查当中，把追溯日定在 1974 年 2 月 15 日，势必意味着廉署很多正在处理的案件要马上中止，对它的打击太大。最后追溯日便定在了 1977 年 1 月 1 日。

11 月 5 日晚上 9 点 45 分左右，麦理浩向全港市民宣布了一项在香港反贪史上至为重要的特赦令。内容主要有：“我要向所有有关人士说，今后廉政公署于有关在一九七七年一月一日之前所犯罪行之投诉或证据，在普通情况下将不予受理，唯那些经已被接见之人士、已被通缉之人士及现时不在香港之前任公务员则属例外。我不将那些经已被接见人士包括在内，是因为我认为执行法例之工作（无论是由警务人员或廉政公署人员负责执行），是不应受到未经法律规定之行动所阻碍的。”

麦理浩同时也宣布，将成立一个由简悦强（行政局首席非官守议员）任主席的委员会，负责监管廉署处理对其职员之投诉。

虽然警员对这个局部特赦安排并不满意，但麦理浩退让有度，为了避免“黑警”治港，他和港府坚决不再退让。在 11 月 7 日的立法局紧急会议上，港府成功通过了有关警例修订。

在舆论的转向和港府表明绝不让步的立场下，大部分警务人员的态度开始软化了，惊心动魄的警廉冲突，终于得以平息。

1977 年警廉大冲突，无疑是对香港反贪决心的重大考验。麦理浩在这个关键时期，起了重大作用。虽然最终的拘捕特赦令确实是一种妥协，也对廉署构成一次重大打击（特赦令令廉署即时终止了 83 宗调查，让有关人士逍遥法外），但至少保住了政府尊严，为廉署保存了实力和颜面。廉署最终有 303 宗调查不受特赦令豁免，当中不少是涉及带头搞事情的“黑警”。麦理浩的坚持，对廉署度过那段最艰难的日子有着极为重要的贡献。这就难怪他成为香港地区历史上在任时间最长的港督，也是香港地区历史上最受市民爱戴的港督。目前香港地区的麦理浩径和麦理浩夫人度假村，就是为了纪念他的贡献而以他的名字命名的。

第二章　科学严谨
——廉政公署的组织机构设置

组织机构设置与分级

廉政公署的分级是由其独立性决定的。

廉政公署依据《总督特派廉政专员公署条例》而成立并获得所赋予的权力。由于廉政专员“须代表港督”（现为特区行政长官）直接向港督（现为特区行政长官）负责，因而廉政公署具有相对的独立性。就其政府架构中的地位而言，廉政公署是一个独立的机构，从廉政专员到各级职员都不属于政府公务员系统，实行不同于公务员的管理，不受政府公务员事务科管辖，也不受其他政府部门的指示和控制。

廉政公署的组织机构是由其功能决定的。

廉政公署的工作主要分为三个部分：调查、预防和教育。“三管齐下”共同对付贪污。

相应地，这三项任务由廉署的三个专责部门，即执行处、防止贪污处和社区关系处负责执行，行政工作则由行政总部负责。全署约有1300多名职员。

除了这三个主要部门之外，廉署为了吸纳更多社会意见和提高公信力，也成立了四个范畴的咨询委员会，分别是贪污问题咨询委员会、审查贪污投诉咨询委员会、防止贪污咨询委员会及社区关系市民咨询委员会，明显有别于以往警队检举贪污组那种官本位的作风。

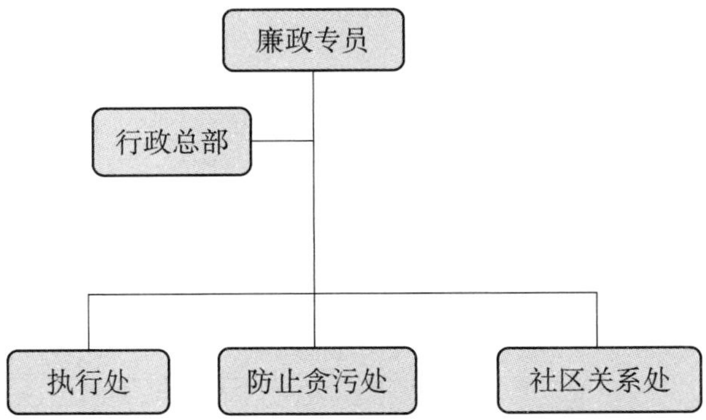

图 2－1　廉政公署组织结构图

行政总部：负责行政事务

行政总部（Administration Branch）是负责廉政公署行政事务的部门，职责包括管理廉署的人力、物力、财力，以及职员的培训和作业部门的后勤服务等。

行政总部辖下设 1 名总行政主任和 7 个组。7 个组分别是：人事及档案、财务、物料供应、总务及办公地方、职员关系、培训及发展、新闻。

这里我们主要说一下培训及发展这一项。

廉署高度重视职员的训练工作，以提高职员的素质。廉署开设有一所培训学校，分设两部分：一部分由行政总部的训练及发展组负责管理，主要是统筹公署内一切训练计划，并为社区关系处、防止贪污处和行政总部的职员提供内部训练，同时为执行处职员提供不涉及调查工作的课程培训；另一部分由执行处负责管理，主要进行有关调查工作的业务技术培训。

行政总部的训练及发展组训练职员的形式主要有五种：

第一，内部训练课程。内部培训是紧密结合工作实际、按需施教的。比如，鉴于在执行工作和行政工作上使用电脑的机会渐渐增多，1987 年廉署就利用政府提供的设施，为多个职级的人员举办电脑研讨课程；1988 年，廉署又通过香港浸会学院的协助，继续为各级职员举办一连串的有关使用电脑软件的研习班。这些研习班为职员提供基础知识，有效地提高了廉署职员电脑操作的技巧。又如，廉署从工作需要出发，采用户外教学的方法，为执行处人员提供管理、领导、通信等培训。此外还举办有关财务和核数方面的专业训练，与香港理工学院会计系合办“财务、会计及核数”课程，并举行一连串有关股票交易、拍卖舞弊以及与财务相关的专题研讨会，向职员提供最新的专业知识。

第二，鼓励员工修读与工作有关的教育性课程。为了推动职员学习自我发展，廉署积极鼓励职员修读与本职工作有关的教育性课程。这类课程，主要由香港大学、香港中文大学、香港理工学院和其他培训机构举办的。

第三，海外训练。廉署每年都安排部分职员前往海外接受训练。提供这项训练的海外机构包括剑桥大学邬阜逊学院、兰开夏警队、美斯尔警队、伦敦警官学院、英国布兰希尔警官学院、澳洲维多利亚警队、英国中央新闻处和洛杉矶加州大学。

从 1993 年起，“香港高级公务员中国课程班”在清华大学定期举行，廉署也定期派人参加这一课程。

第四，专题研讨会。廉署会定期地为全体部门职员举办多种不同主题的研讨会，以向职员提供最新的专题知识。这些研讨会主题包括管理、商业实务、犯罪活动和时事。

第五，函授课程。廉署坚持采用函授教育的办法，推动职员课外的学习。为此，廉署训练学校还负责编印函授教材，发给职员自学以促进他们的知识提高和自我发展。

执行处：专司调查

执行处（Operations Department）是廉政公署的调查部门，也是廉署最大的一个核心部门，该处有900余人，约占廉署总人数的四分之三。

一名副廉政专员兼任执行处首长，并直接向廉政专员负责，下辖政府部门反贪调查、私营机构反贪调查两个分部门。

★ 法定职责

接受及审阅贪污指控；

调查任何被指控或涉嫌触犯《廉政公署条例》《防止贿赂条例》及《选举（舞弊及非法行为）条例》的罪行；

调查任何订明人员涉嫌滥用职权而犯的勒索罪；

调查任何与贪污有关联或会助长贪污的人员行为，并向行政长官提交报告。

★ 内部组织机构

执行处共设有5个科室，有4个调查科及1个内部调查科。

调查科（一）（二）（三）（四）下面各设有一名助理处长，调查科（一）（三）负责政府部门、公共机构和选举的案件调查工作，其中调查科（一）专司调查，调查科（三）负责提供支援，有专门的支援组负责提供情报、线人处理及卧底行动、证人保护及枪械、跟踪及技术支援。

调查科（二）（四）负责私营机构的案件调查工作。其中调查科（二）专司调查，调查科（四）负责支援，其支援组的工作又分为两个工作方向，一个下设审查贪污举报咨询委员会秘书处、举报中心、扣留中心、国际及内地（行动）联络、快速反应队、犯罪得益小组、行政及行动支援；另一个下设法证会计、管理及法律研究、统计资料研究、核数及审查、训练及发展、资讯科技及电脑资料鉴证。

执行处向审查贪污举报咨询委员会经常性汇报部门工作及咨询意见。

★ 执行处职级

副廉政专员（The Deputy Commissioner）

处长（Directer）

助理处长（Assistant Directer）

防止贪污处：负责审查

防止贪污处（Corruption Prevention Department）是廉政公署中负责审查的部门，负责审视各政府部门及公共机构的工作常规及程序，以减少可能出现贪污的情况。另外，该处亦应私营机构的要求，提供防贪顾问服务。顾名思义，防止贪污处的功能在于预防贪污。

★ 法定职责

审查各政府部门及公共机构的工作常规及程序，并建议修订容易导致贪污的工作方法及程序；

应私营机构和个别人士的要求，提供防贪建议；

在日常工作中，防贪处经常与各机构及公司的管理层紧密合作，担当他们的顾问。

★ 内部组织结构

防止贪污处由一名处长执掌，辖下有两名助理处长协助执行职务。

防止贪污处拥有一队经验丰富的专业人员，包括资深的前政府人员，尽心为公营及私营结构提供有效的防贪建议，他们的专业范畴涵盖：会计、核数及财务分析、工程、资讯科技、法律、测量。

防止贪污处定期向监察该处工作的防止贪污咨询委员会汇报工作情况。

★ 防止贪污处职级

处长（Director）

助理处长（Assistant Director）

社区关系处：引导市民肃贪倡廉

社区关系处（Community Relations Department）是廉政公署的第二大部门，主要任务是教导市民认识贪污的危害，并争取市民积极支持反贪工作。

★ 法定职责

教育公众认识贪污的危害；

争取公众支持肃贪倡廉的工作。

★ 内部组织结构

社区关系处由一名处长执掌，辖下两个科分别由两名助理处长统领。

社区关系科（一）主要由四个专门组别组成，分别是管理及策略组、传媒宣传组、香港商业道德发展中心、青年及德育组。

社区关系科（二）通过分区办事处分别统筹不同范畴的倡廉教育工作，其由五个组别组成，分别是举报贪污事务（包括举报服务及楼宇管理服务）、公营结构诚信事务、社区宣传事务、廉洁选举事务、公众参与事务（包括廉政之友及非牟利机构服务）。

★ 社区关系处职级

处长（Director）

助理处长（Assistant Director）

四个咨询委员会：监察力量

行政长官通过委任四个咨询委员会监督廉署的日常工作，这四个委员会的性质和职权范围如下。

★ 贪污问题咨询委员会

性质：独立非官方组织，委员会负责监察廉政公署的整体工作方针及在政策上提供意见。

职权范围：概括而言，就香港的贪污问题向廉政专员提供意见，并负责以下事务。

监察廉政公署在执行职务、人手编制及行政事务上的政策；

就廉政专员根据《廉政公署条例》第 8（2）条所考虑采取的行动提供意见；

听取廉政专员报告廉署对属员所采取的纪律处分；

审核廉政公署每年的开支预算；

在廉政公署年报呈交行政长官前予以审阅；

每年向行政长官提交委员会的工作报告；

有需要时，向行政长官反映委员会所关注的有关廉署运作或所面对的任何问题。

★ 审查贪污举报咨询委员会

性质：独立非官方组织，审议廉署每宗案件，少至 100 元，多至几亿的案件都要经过该委员会审议，非经该委员会同意，廉署不得停止调查，可以随时向廉署作个别质询，委员会负责监察廉政公署的调查工作。

职权范围：概括而言，委员会负责监察廉政公署的调查工作，细分如下。

听取廉政专员报告廉署接获的所有贪污举报及廉署如何处理这些举报；

听取廉政专员报告所有历时超过一年或需要动用大量资源的调查个案之进展；

廉政专员须尽早向委员会报告由其授权进行搜查的次数及理由，并解释急须进行搜查的原因；

听取廉政专员报告疑犯获廉署保释超过六个月的所有个案；

听取廉政专员报告廉署已完成调查的个案，并就律政司决定不予检控或警戒的案件，建议应采取的行动；

听取廉政专员报告在廉署管辖范围内所作检控的结果及其后的上诉结果；

就廉署管辖范围内进行调查所得到的资料，向廉政专员建议哪些资料应送交有关部门、公共机构、其他机构或个别人士，或在特殊情况下，如有关资料于委员会开会前因有需要而已经递交，则委员会在其后会议中，须就该行动进行审议；

就廉政专员向委员会提出的其他事项，或主动就任何事项提供意见；

向行政长官反映任何值得关注的执行处运作或该委员会所面对的任何问题；

向行政长官提交年报，内容须向公众发表。

★ 防止贪污咨询委员会

性质：独立非官方组织，主要监督防止贪污处。

职权范围：概括而言，委员会负责向廉政公署建议防贪研究的优先次序及审阅所有完成的防贪研究报告，细分如下。

听取及要求廉政公署报告有关政府部门、公共机构及私营机构在工作常规及程序上可能助长贪污的地方，并向廉政专员建议应予以审查的项目及审查的先后次序；

研究根据审查结果而做出的各项建议，并就进一步行动向廉政专员提供意见；

监察根据该咨询委员会的意见而做出的建议如何实施。

★ 社区关系市民咨询委员会

性质：独立非官方组织，主要监督社区关系处。

职权范围：概括而言，委员会负责向廉政公署建议推行倡廉教育及争取社会各界支持廉政工作的策略，细分如下。

向廉政专员建议如何争取公众支持打击贪污及如何教育公众认识贪污的危害；

听取及要求廉政公署社区关系处报告为达到上述目标而进行的工作；

监察公众对廉署工作的反应以及对贪污所持的一般态度。

第三章　独特超然——廉政公署的职权范围

廉政专员的权责

廉政专员是廉政公署的最高首长，直接向香港特别行政区行政长官负责。

★ 廉政专员的产生

依照《香港特别行政区基本法》的有关规定，香港廉政专员由香港特别行政区行政长官提名并报请中央人民政府任命。

现任香港廉政专员为白韫六。

★ 廉政专员的职责

廉政专员主要履行下列《廉政公署条例》第 12 条规定的职责（由 2003 年第 1 号第 3 条修订），即代表行政长官——

（a）接受及考虑有关指称贪污行为的投诉，并在其认为切实可行范围内就该等投诉进行调查。

（b）调查

（i）任何涉嫌或被指称是犯本条例所订的罪行；

（ii）任何涉嫌或被指称是犯《防止贿赂条例》（《香港法例》第 201 章）所订的罪行；

（iii）任何涉嫌或被指称是犯《选举（舞弊及非法行为）条例》（《香港法例》第 554 章）所订的罪行；

（iv）任何涉嫌或被指称是由订明人员藉着或通过不当使用职权而犯的勒索罪；

（v）任何涉嫌或被指称是串谋犯《防止贿赂条例》（《香港法例》第 201 章）所订的罪行；

（vi）任何涉嫌或被指称是串谋犯《选举（舞弊及非法行为）条例》（《香港法例》第 554 章）所订的罪行；

（vii）对任何涉嫌或被指称是（由 2 人或多于 2 人，其中包括订明人员）串谋藉着或通过该名订明人员不当使用职权而犯的勒索罪。

（c）对廉政专员认为与贪污有关联或助长贪污的订明人员行为进行调查，并就此事向行政长官报告（由 2003 年第 1 号第 3 条修订，由 2003 年第 14 号第 22 条修订）。

（d）审查各政府部门及公共机构的工作常规及程序，以利便揭露贪污行为，并确保廉政专员认为可能助长贪污的工作方法或程序得以修正。

（e）应任何人的要求，就有关消除贪污的方法向该人给予指导、意见及协助。

（f）向各政府部门或公共机构首长建议，在符合政府部门或公共机构有效执行职责的原则下，就其工作常规或程序作出廉政专员认为需要的修改，以减少发生贪污行为的可能性。

（g）教育公众认识贪污的害处，及争取和促进公众支持打击贪污。

★ 廉政专员的权力

在明确职责的同时，《廉政公署条例》又在第 13 条授予了廉政专员下列权力：

（1）廉政专员为了执行他在本条例下的职能，可——

（a）以书面授权任何廉署人员进行查讯或审查；

（b）进入任何政府处所，并要求订明人员回答与任何订明人员或公职人员职责有关的问题，及要求交出与此有关的常规、指示、办公手册或指令等；

（c）（由 1992 年第 45 号第 3 条废除）；

（d）以书面授权任何人执行廉政专员的任何职责，以及行使本条例及《防止贿赂条例》（《香港法例》第 201 章）所赋予并由廉政专员指明的权力。

（2）廉政专员或获廉政专员为本款的目的以书面授权的任何廉署人员具有以下权力——

（a）就执行廉政专员在本条例下的任何职能而言，可查阅由任何订明人员管有或控制的与任何政府部门工作有关的所有记录、簿册及其他文件；

（b）在为执行廉政专员在第 12（d）或（f）条下的任何职能而属必要的范围内，可查阅由某公共机构管有或控制的所有记录、簿册及其他文件，而该等记录、簿册及其他文件是廉政专员或该廉署人员合理地认为将会显露该公共机构的常规及程序的；

（c）就任何该等记录、簿册及其他文件而言，可拍摄其照片或复制其副本。

廉署的其他权力

★ 调查权力

中华人民共和国香港特别行政区《防止贿赂条例》第三部，专门授予了廉署公署调查权力。该法例第 13 条规定，廉政专员在发觉有人可能已经触犯本条例所载罪项时，应为调查该罪项而以书面授权任何调查人员，在应要求出示该授权证件的情况下，行使下列权力：

（i）调查及查阅属于经专员指名的人或以其他方法识别的人或与该人有关的该等账目、簿册、文件或其他物品；

（ii）要求任何人交出可能为该调查所需而属于经专员指名的人或以其他方法识别的人或与该人有关的任何账目、簿册、文件或其他物品，并要求任何人披露与以上物品有关的全部或任何资料，抄录该等账目、簿册或文件或其中任何有关记项或印取其副本，以及拍摄该其他物品的照片。

2008 年，廉政公署的调查权进一步扩大，将原来不受规管的香港特区政府行政长官，也纳入条例规管的主要范畴。

★ 搜查权力

《廉政公署条例》规定，获廉政专员为此授权的廉署人员——

（a）如合理地怀疑任何人已犯第 10 条所提述的任何罪行，可搜查该人。

（b）可搜查任何人在根据第 10 条被逮捕时所在的处所或地方，或搜查任何人在逃避根据第 10 条进行的逮捕时所在的处所或地方，以寻找第 10 条所提述的任何罪行的证据。

（c）如有理由相信任何物件是第 10 条所提述的任何罪行的证据或包含这些证据，可检取并扣留该物件。

廉署人员在搜查涉嫌人士时，须由与被搜查者性别相同的人执行。

《防止贿赂条例》第 17 条也规定了廉署人员的搜查权力，为调查怀疑犯了本条例所订罪行或为进行与该罪行有关的法律程序，任何调查人员可向法庭提出单方面申请，并要求发出手令。法庭信纳有合理因由相信在任何处所或地方可能有任何物件本身是或包含有本条例所订罪行的证据，法庭即可发出手令予手令中指名的调查人员，使该人员及任何其他调查人员有权进入该处所或地方（必要时可强行进入），并进行搜查。

不过，该法例规定，任何廉署人员不得依据该法例规定而进入及搜查大律师或律师的事务所，除非该项进入及搜查是为对本条例所订罪行进行调查，而被指称或怀疑犯了该罪行的人是该事务所的大律师或律师（视属何情况而定），或是其属下文员或受其雇用于该事务所的任何雇员。

★ 拘捕权力

如获廉政专员为此授权的廉署人员合理地怀疑某人犯本条例或《防止贿赂条例》（《香港法例》第201章）或《选举（舞弊及非法行为）条例》（《香港法例》第554章）所订罪行，或合理地怀疑某人身为订明人员而藉着或通过不当使用职权而犯勒索罪，可无需手令而将该人逮捕。

廉政公署在调查一宗涉嫌犯《防止贿赂条例》（《香港法例》第201章）或《选举（舞弊及非法行为）条例》（《香港法例》第554章）所订罪行时，如揭发另一项罪行，则任何该等廉署人员如合理地怀疑某人已犯该另一项罪行，以及——（由1991年第16号第2条修订；由2000年第10号第47条修订）

（a）他合理地怀疑该另一项罪行与涉嫌犯《防止贿赂条例》（《香港法例》第201章）或《选举（舞弊及非法行为）条例》（《香港法例》第554章）所订罪行有关连，或是直接或间接因涉嫌犯《防止贿赂条例》（第201章）或《选举（舞弊及非法行为）条例》所订罪行而引致。

（b）该另一项罪行乃属为本款的施行而于第（5）款指明的罪行，可无需手令而将该人逮捕。

法例还规定，在执行拘捕时，廉署人员可以视当时的情况使用合理的武力。

★ 将接受调查而行将离港人员拘捕权力

在调查任何人被指控或涉嫌触犯《防止贿赂条例》所载罪项时，如果廉政专员发现被调查者正准备或行将离开香港，那么廉政专员或任何调查人员可向裁判司申请令状，将被调查者拘捕并交裁判司发落。

★ 印取拍照权力

廉署人员对在执行任务时拘捕的涉嫌人士，拥有印取被拘捕者指模及拍摄其照片、量度被拘捕者体重及身高等权力。但是，如果被拘捕者其后未被控告，或者因任何缘故获法庭释放，廉政专员要立即下令将其所有照片、指模印本或体重、身高的记录毁灭，或将其交还当事人。

★ 物件检押和财产处置权力

《廉政公署条例》规定，廉署人员有理由相信属于或存有触犯该条例的证据的任何物件，可以检取并予以扣押。

《防止贿赂条例》规定，对于被指控或涉嫌触犯该条例所载罪项而遭受调查的人士，廉政专员可以发出通知书，令该人在得到廉政专员同意之前，不得将通知书所指定的任何财产处置或处理。

★ 扣留旅游证件权力

廉政专员如认为有理由，可以向裁判司提出申请，以通知书形式，令因被指控或涉嫌触犯《防止贿赂条例》所载罪项而受调查的任何人士，将所持有的任何旅行证件交给廉政专员。“旅游证件”包括护照或其他确定持有人身份及国籍的文件。

廉署的职权保障措施

为了确保廉政公署权力的运用与行使，中华人民共和国香港特别行政区《廉政公署条例》《防止贿赂条例》对于干预、阻碍廉署权力行使的行为，作出了严格的限制，从而使廉署的权力有了法律的保障。

★ 执行职责的保障

根据《廉政公署条例》，任何人抗拒或妨碍廉署人员执行职责，即属犯罪，一经定罪，可处罚款 5000 港元及监禁 6 个月。

任何人明知而——

（a）向廉署人员作出或导致他人向廉署人员作出有人犯任何罪行的虚假报告；或

（b）藉提供虚假资料或作出虚假陈述或指控，误导廉署人员，即属犯罪，一经定罪，可处罚款 2 万港元及监禁 1 年。

任何人——

（a）冒充廉署人员，或伪称具有廉署人员根据本条例或《防止贿赂条例》（《香港法例》第 201 章）所赋予的权力，或根据该两条条例之一而作出的授权或发出的手令所赋予的权力；或

（b）伪称能够促致一名廉署人员作或不作与该廉署人员职责有关的事情，即属犯罪，一经定罪，可处罚款 2 万港元及监禁 1 年。

任何人，如无合法权力，或无合法理由而向任何被指控或涉嫌触犯《防止贿赂条例》所载罪项而遭受调查的人，透露其正在遭受调查的事实，或这项调查的任何详细情形，或向任何其他人士，透露任何遭受调查人士的身份，或这项调查的任何详细情形，均属违法，如罪名成立，可处罚款 2 万港元及监禁 1 年。

★ 调查权力的保障

任何人士，当遇到有廉政专员书面授权的任何人员出示授权证件，要求其透露任何资料或出示任何账目、簿册、文件、保管箱或其他物件时，必须遵照办理。如无适当理由不遵照或疏忽办理，或者妨碍调查人员调查，均属违法，如罪名成立，可被判罚款 2 万港元及监禁 1 年。

任何人士，被廉政专员用通知书令其向通知书所指定的调查人员提交法定声明书，或专员认为适当的陈述书，罗列拥有的某种或某类动产

或不动产时，必须遵照办理。如无适当理由而加以忽视或不予照办，即属违法，如罪名成立，可被判罚款 2 万港元及监禁 1 年。如果故意作出任何虚伪陈述，即属违法，如罪名成立，也可被判罚款 2 万港元及监禁 1 年。

★ 处置财产权力的保障

任何人士，如并非按照法庭的指示，明知而将限制令内指明的任何财产处置或以其他方式处理，即属犯罪，一经定罪，可处罚款 5 万港元或处以所处置或以其他方式处理的财产价值的罚款，两款额以较大者为准，以及监禁 1 年。

★ 搜查权力的保障

根据《防止贿赂条例》，任何人妨碍或抗拒专员或调查人员根据本条行使进入及搜查的权力，即属犯罪，一经定罪，可处罚款 2 万港元及监禁 1 年。

★ 收缴旅行证件权力的保障

任何人士，在裁判司依照廉政专员的申请，以通知书令其将所持有的任何旅行证件交予廉政专员时，如不立即遵照办理，可因此被逮捕并送交裁判官。一旦送交裁判官，除非其随即遵照办理，或使裁判官信纳他并无管有旅行证件，否则裁判官须发出手令，将该人押交监狱妥为扣留，直至由该人在以上情况被押交监狱之日起计 28 天期满为止；或直至该人遵照办理，及裁判官为释放该人作出命令，命令及指示惩教署署长释放该人出狱为止。

第四章　砥砺奋进——四十年发展变革路

重大发展变革事件

迄今，廉政公署已经走过了40多年的反腐征程。一路走来，廉署处理了大量的贪腐案件，正是在与贪腐分子的较量中，在具体的案件审查实践中，廉署与时俱进，每一次“阵痛”，都意味着相应的提升，正所谓“魔高一尺，道高一丈”。

下面，我们就截取廉署发展史上有重大改革意义的大事件，来回顾廉署的漫漫发展之路。

★ 1980年

• 瓦解前中华巴士有限公司前线员工贪污集团，引起大众关注公共机构的腐败管理问题。

•《廉政公署条例》和《防止贿赂条例》被大幅度修订，加强了廉政公署的调查权力及加重了贪污刑罚。

★ 1981年

•《接受利益（总督许可）公告》取代《接受利益规例》，清晰界定政府人员可收取的利益。

- 廉政公署首次在香港主办国际反贪污研讨会。
- 展开为期十年的“丰盛人生”全港大型宣传活动，号召全民反腐，树立廉洁自持的社会新风尚。

★ 1982 年

- 区议会首次选举，共接获 59 宗贪污举报。
- 首次制作以年轻人为宣传对象的电视短片《正路》。
- 首次有系统地招募、培训及发展廉政公署义工，希望透过他们产生连锁效应，以拓展倡廉工作的接触面。近年来，义工活动已发展为一个拥有逾千名会员的“廉政之友”组织，成员包括青年、长者、主妇、整个家庭、同一机构的同事等。

★ 1983 年

- 首届以各地政府为与会代表的国际反贪污会议在美国举行，廉政公署以创办机构身份派员参加。
- 涉及最大金额（66 亿港元）及耗时最长（17 年）的佳宁贪污诈骗案调查全面展开。

★ 1984 年

- 调查 26 座问题公屋案，共有 10 人被控以 46 项与贪污有关的罪行。夯实了廉署“将反贪进行到底”的决心。
- 首次举办以“商业道德”为主题的研讨会。

★ 1985 年

- 成立私营机构顾问组，为私营机构提供免费及专业防贪咨询服务。

★ 1986 年

• 与警方首次组成联合专案小组，调查海外信托银行事件。

• 与银行监理专员及律政署合作制定银行业守则并刊登于报。

★ 1987 年

• 成为全东南亚首个采用单面镜认人程序的执法机构。

• 成为亚洲首个将问话过程录影的执法机构，稍后并获法庭接纳为证供的一部分。

• 廉政公署举办第三届国际反贪污会议。第 4 任廉政专员班乃信在大会上作出了如下总结："使政府机构比以前更为廉洁，60 年代末及 70 年代初普遍存在于政府机关的集团式贪污已基本铲除……市民对政府的观感也有所改变，认为现在政府普遍廉洁。"

★ 1988 年

• 揭发新股上市贪污案，前联交所主席等多人被检控。

• 与广东省人民检察院开始个案协查计划，打击跨境贪污罪行。

★ 1989 年

• 律政署前副刑事检控专员成为历年被检控贪污罪的最高级政府律师。

• 法院首次同意特辟房间，播放一名廉政公署主要证人作供的录影带。

★ 1990 年

• 引进大型通用电脑系统协助侦查复杂的贪污案件。

• 开始摄制倡廉培训录影带，加强公共机构雇员培训课程内容。

★ 1991 年

• 侦破一连串国际假信用卡集团贪污案，超过 185 人被捕。

• 首次邀请商业机构参与“社区参与计划”，共同举办倡廉宣传活动。

★ 1992 年

• 就赤腊角机场核心计划的主要工程合约审批，提供防贪建议。

• 首次采用直接邮递方式向中小型企业宣传倡廉信息和服务。

★ 1993 年

• 公布使命宣言及印发“服务承诺”小册子。

• 追查走私香烟集团案，拘捕 17 人，充公 1100 万支香烟；烟草公司前总裁于 5 年后被引渡回港受审及被定罪。

★ 1994 年

• 港督委任成立之独立权责检讨委员会公布其报告，巩固了市民对廉署的信任。

• 成立快速反应队处理性质简单的案件。

★ 1995 年

• 成立香港道德发展中心，并由六大商会代表组成咨询委员会策划。

• 与广东省人民检察院首度合作编撰防贪指引《粤港投资者法律指引》。

★ 1996 年

• 首次主办贪污相关罪行亚太区探讨会。

• 成立香港内地联络组，以加强与内地的联络工作。

★ 1997 年

• 瓦解贪污造马集团，包括骑师及赛马会职员在内的 37 人被捕。

• 首次以普通法中的公职人员行为不当罪控告三名公务人员。

★ 1998 年

• 成立证人保护及枪械组、国际协查组、财务调查组以加强专业调查能力。

• 侦查广南集团贪污案，该案成为上市公司信用状诈骗案中最多人被定罪的案件。

• 开始出版一系列防贪锦囊，向政府部门及私营机构提供防贪管理的最佳常规。

★ 1999 年

• 廉政公署成立 25 周年，在香港主办“跨世纪 灭贪污”国际反贪会议。

• 成立电脑资料鉴证及研究发展组。

• 开办了亚洲首个“卧底培训班”。

★ 2000 年

• 在香港主办首届“新纪元 新挑战”国际研讨会。

• 成立建造业专责小组，负责制定建造业的防贪策略。

★ 2001 年

• 侦破沙田圆洲角与建中的居屋短桩案，两座不合规格的楼宇需拆卸，共三人被检控。

• 廉政公署的防贪课程获证监会及期货事务监察委员会认可为专

业进修培训课程之一。

★ 2002 年

• 房屋署前总屋宇装备工程师被控以公职人员行为不当罪及收受利益罪名。

• 推出全港首个为教师服务的德育资源网站，为银行业员工制作首套网上防贪自学教材。

★ 2003 年

• 首次与国际刑警组织在香港合办“跨域联手灭贪污”国际反贪会议。

• 以中国香港的名义首次加入由亚洲开发银行及经济合作发展组织联合推动的亚太地区反贪计划。

★ 2004 年

• 成立 30 周年之际，廉政公署与十八区市民共同协办“你我同心共建廉政”慈善步行，近万名市民参与，场面壮观。

★ 2005 年

• 年初，廉政公署推出了《公务人员廉洁操守指引》及《公共部门及机构廉洁守则制作建议》。

• 年内，廉政公署继续在多间学校举办“廉洁周”活动，以培养中学生的廉洁意识。

★ 2006 年

• 8 月，香港特别行政区立法会通过《截取通讯及监察条例》，就执法机关进行的秘密监察及电讯截取行动作出规管。该条例颁布后，廉政公署已经制订相关的内部指引，确保调查人员的执法行为符合法例的规定。

• 廉政公署与公务员事务局自12月起合力推行“持廉守正——诚信领导计划”的活动，廉政公署透过由81个决策局/部门的150名诚信事务主任组成的现存网络，培养公务员队伍的诚信文化。

★ 2007年

• 坐落于北角的廉政公署总部大楼于12月8日落成启用，标志着香港廉政公署发展的重要里程碑，也彰显了香港特区政府对肃贪工作的决心和担当。

★ 2008年

• 与广东省检察院合办“守法诚信”粤港中小企业会议，并在会议上推出与双方合编的《“守法诚信”粤港中小企业防贪指引》。

• 与国家监察部及澳门廉政公署合办“金融管治诚信建设”三地专题研讨会，以提升金融业及上市公司的企业管治。

★ 2009年

• 适逢廉政公署成立35周年，廉政公署举办开放日，吸引了4000名市民前往参观。

• 举办了“诚本管理——营商有道”中小企业大行动会议，协助业界实践诚信管理之道。

• 与欧盟委员会反欺诈局合办廉政公署第四届国际会议。

★ 2012年

• 廉政公署正式就特首曾荫权涉嫌收受利益及贪污的事件展开工作程序。

★ 2013年

• 审计署揭发前廉政专员汤显明在任期间，酬酢、送礼及外访有违规行为，立法会政府账目委员会痛斥他严重影响了廉署声誉。

★ 2014 年

- 新鸿基地产董事局联席主席郭炳江及郭炳联与前政务司司长许仕仁被控涉嫌贪污，案件开审。

★ 2015 年

- 香港道德中心改名为香港商业道德发展中心。

国际地位与影响力

廉政公署这个独立反贪机构的出现，确立了香港社会的廉洁形象，从根本上改变了公众对贪污问题的态度，也把香港塑造成国际公认的廉洁地区之一，继而成为世界各地反贪系统学习的楷模，其国际影响力非同凡响。

★ 清廉程度国际领先

在国际上真正称得上廉洁社会的国家和地区为数不多，在亚洲地区更少。香港在“透明国际”组织每年颁布的“腐败感知指数”中清廉程度一向名列前茅，就 2016 年的排名来看，香港在 176 个国家和地区中名列第 15 位。

如今，廉洁诚信已经成为香港社会的核心价值之一，是香港的竞争优势，也是国际社会高度推崇的香港地区制度特色。

★ 反贪模式广为效仿

廉政公署破案如神，并能屡屡扳倒高官，令腐败分子闻风丧胆，其反贪经验引起全球关注，反贪模式为全球各国各地区所效仿。可以说，精确的职能定位、合理的制度设计、严格的法律规定和科学的程序保障，为香港成就“廉政品牌”奠定了坚实的基础。

★ 世界反贪风向标

香港廉政公署成为世界反贪的一个标杆，在调查技术、反贪教育和制度法例建设上，廉政公署一直遥遥领先。比如首先采用单面镜认人程序，首先将问话过程录影，首先制作以年轻人为对象的反贪电视短片，首先招募培训廉署义工，等等。这些遥遥领先的新潮举措引来“反贪看香港”的佳话。

★ 反贪经验国际交流中心

香港反贪工作在国际上赢得了很高的声誉，每年有很多世界各地的访问者来这里参观学习，尤其是廉署的开放日，现场观摩的有识之士更是络绎不绝。香港廉署也多次被邀参加国际反贪会议，交流、介绍香港反贪经验。为了把反贪经验推广到世界各地，香港也多次主办专业性的反贪技术学术会议，比如 2017 年 5 月 9 日，廉政公署举行财务调查国际研讨会，以“严打贪腐，切断财源”为主题，与来自全球 40 多个国家和地区、逾 200 名反贪污及执法机构的代表，共同探讨财务调查及资产返还等议题。

总之，在香港，廉署是发展的基础，而在国际舞台上，廉署是含金量最高的反贪品牌。香港廉署的成功实践可以证明：无论社会风气曾经如何败坏，物欲如何泛滥横流，贪腐依然可以整治，法治和良知依然可以重建。香港可以，其他国家和地区也可以。

当前的困境与革新

当然，香港在当下和未来的廉政建设上还面临一些挑战。2015 年 10 月，廉署起诉香港前特首曾荫权，他被控两项公职人员行为失当罪。这是一个爆炸性的新闻，也使不少人跌破眼镜。此外，在 2014 年，前政务司长许仕仁被判有罪，因为他在行使公权力的过程中受贿。

廉政问题在香港公众心目中一直处于很重要的位置，这一点是毋庸置疑的。因为大家认为，保持社会的廉洁对香港的整体发展至关重要，同时也对廉署的成效基本上持肯定态度。但要继续保持社会的廉洁，廉政建设还有大量的工作要做，尤其是近几年，无论是廉署内部建设还是对外反贪，都面临着突出的困境和挑战，不可掉以轻心。

★ 信任度危机

自 2012 年以来，一连串牵涉权贵贪腐丑闻的事件动摇了部分市民对公职人员道德操守的信任，例如前特首曾荫权涉嫌接受私人款待事件、前政务司司长许仕仁涉嫌地产企业利益输送的案件以及前廉政专员汤显明涉嫌不当酬酢、送礼经费事件，以至于民众对廉政公署失去了一些信心，民调信任指数出现下降的趋势。

★ 制度困境

高官涉案的背后是目前的制度遭遇到了困境。

《防止贿赂条例》的涵盖范围有限的问题在曾荫权事件上展露无遗。2012 年，曾荫权接受富商邀请乘坐豪华游艇、与商界人士乘坐富商私人飞机到泰国游玩以及以低于市场价格租住富商豪宅的新闻被媒体曝光后，香港社会对于高层官员的贪污问题再次产生热议。而针对曾荫权是否触犯法律的问题就显示出现有《防止贿赂条例》涵盖范围有限的困境。

《防止贿赂条例》制定于 1971 年，修订于 1974 年，之后又经过不断修订，现在使用的版本是由香港特别行政区立法会 2008 年通过修订的。最新修订的《防止贿赂条例》第四、第五及第十条延伸至规管特首，但第三及第八条没有修订，令特首的行为不受有关条文监管。

该条例第三条规定，任何官方雇员未得行政长官一般或特别许可而索取或接受任何利益“即属犯罪”；第八条的规定则针对利益提供者，该条明令，任何人与政府机构和其他公共机构进行任何事务往来时，

“无合法权限或合理辩解而向受雇于该机构雇员提供任何利益”即属犯罪。

香港现行的官员申报制度规管至所有的问责官员，接受任何赞助旅程，需要向行政长官或司长申报批准，但制度上的漏洞是，若行政长官接受赞助旅程，应该向谁请求批准?

香港城市大学公共及社会行政学系教授 Ian Scott 曾经就此问题写信给廉署，但未获回应。由于《防止贿赂条例》是香港治理腐败的最为重要的法律依据，因此面对新的高层官员的贪污或不当行为，如何进行相关法律的修订就成为目前香港肃贪工作最为棘手的问题。

除了《防止贿赂条例》存在的法律漏洞之外，在政府内部监管上，尽管《公务员事务规则》《政治委任制度官员守则》都禁止官员和公务员收受可能引起利益冲突或影响政府声名的款待及馈赠，但由于行政长官既不是公务员，也不属于问责官员，因此即便明显犯错，在现行制度下也并不受政府内部监管及制裁。

先后对曾荫权、汤显明立案之后的廉署也面临着一个史无前例的难题：为确保权力和威信，一直以来，廉署只对行政长官一个人负责，如今前特首和前廉政专员相继涉案，廉署是否能够保证公正独立成为外界普遍关心的问题。

★ 贪污手法隐秘，腐败定义“跟不上形势”

日趋复杂化与隐蔽化的贪污形式也使得廉署的办案难度增加，在发现环节上越来越吃力。

与 20 世纪 70 年代的警队集团式腐败相比，今日香港的腐败形式日益复杂化与隐蔽化，比如更多的案件显示出腐败的形式已经由直接的现金行贿转变为极为秘密的官商勾结与利益输送。

一直以来，香港对于腐败的定义主要就是贿赂，简单来说，就是政府官员、公立机构职员接受钱财，然后进行利益输送。但是现在的情况不一样了，腐败形式多样化了，反腐也面临着新的挑战。比如现在香港有一种常见的不良行为就是退休的政府官员利用以前建立的人际关系从事一些商业活动，并从中牟利。这些行为至少是一个利益冲突的问题，更可能发展成一种推迟的利益交换，当时没有直接的现金贿赂，而是在未来若干年后兑现某种承诺，这种腐败形式就非常难以辨认。

较之于这些现象，订立于1971年的《防止贿赂条例》对腐败形式的定义就显得比较狭窄了，已经跟不上形势的发展了，以至于廉署很难根据它的规定来起诉涉贪官员，而只能用其他方式来起诉。

★ 办案手法受人诟病

廉署最受人诟病的还是其办案手法，更有三名调查人员因办案过程中的违法行为在2012年4月遭法院定罪。

这三名廉署调查人员于2009年调查“窝轮天王”造市案，成功将主谋定罪判监，但三人在调查中却诱使证人作假口供，将自己的职业生涯断送，被法院以意图妨碍司法公正等罪名判监一年半至两年半。

其中，总调查主任曹永年是历年判监的最高级廉署人员，曹永年在1992年加入廉署，一直仕途顺利，至案发前专责打击社会瞩目的贪污案，月入7.9万港元。法官游德康更在判决时指出，廉署是最强有力的打击贪污武器，廉署及调查员被赋予重大权力。他们行使权力时必须讲求诚信，滥权必遭惩罚，廉署要维持公众的信心，才能令香港成为廉洁社会。

2010年11月19日，警方拘捕这三名调查人员的行动，被当地媒体称为“36年第一案”，廉政公署成立36年来首次成为警方执法对象。廉署执行处前副处长徐家杰认为，这一事件归咎于廉署欠缺透明度，更认为廉署经常容许涉案疑犯担任污点证人是埋下祸根，应改变这种不合时宜的管理及查案模式。

除了判监的三人外，据香港媒体历年报道，近年来也有多位廉署职员因为办案时的行为遭到内部纪律处分或遭解雇，廉署还曾发生过职员辞职潮，短时期内多位职员主动辞职，引发社会关注。

另一个值得关注的现象是，近年以来廉署廉政专员的更换有些频繁，某些专员的专业能力和不当行为也被部分市民和媒体质疑。

★ 调查手法受到技术挑战

对于廉政公署来说，在执法技术层面主要面对三项挑战：

第一，廉政公署的一些调查手法，已在法庭上有所披露，已经用过的手法不再管用，需要开发新方法。

第二，涉及私人公司的案件越来越多，数额较大，这些钱经过外地银行迂回地回到收款人手中，因此往往需要在海外调查钱的去向，这方面困难较大。

第三，一些案件涉及上市公司，他们的财务情况比较复杂，廉政公署几年前开始有法证会计师帮助详细研究会计账目和金融交易材料，也通过电脑鉴证组分析电脑储存的资料和交易，这些都增加了调查的工作量和工作难度。

在 2017 年廉政公署举行的财务调查国际研讨会上，廉政公署负责人表示，随着金融市场的发展，资金流动全球化、资产转移无疆界，涉及财务交易的贪污及经济犯罪手段日趋复杂。

他还表示，随着科技的进步，跨境经济罪犯隐藏贪污所得的方法逐渐多样化，为监管机构带来挑战。鉴于此，他要求反贪污及执法机构人员必须紧贴全球动向，掌握最新的调查方法。他呼吁世界各地的反贪人员以及相关执法人员，特别是专门负责财务调查及资产返还的人员，应该相互交流经验，深入探讨各自遇到的实际问题，同时建立长期有效的合作伙伴关系。在反贪领域齐头并进，携手同创美好未来。

为了捍卫社会公义，一切花费在所不惜
——廉署反腐倡廉之“佳宁案”

在廉政公署的反贪案件名单中，“佳宁案”绝对是大案之一，它是廉

署把反贪污指向私营机构的典型案件，也是历时最长（17 年）、涉及款项最高（涉案标的 66 亿港元，诉讼费更超过 2 亿港元）、最为轰动的案件。

在我看来，该案是最能反映廉署反腐决心的案件。

该案要从它的始作俑者陈松青说起。

★ 来自南洋的“过江龙”陈松青

陈松青的身世至今都未被证实，能确定的是他于 20 世纪 50 年代中期赴英国留学，获得工程学位，毕业后一直在新加坡和马来西亚做建筑工程师。1972 年陈松青在新加坡的建筑公司倒闭，他申请了短期签证到了香港，加入了地产商钟正文的公司，担任项目经理。陈松青能力突出，钟正文很器重他，并在经济上提供支援，他们合资组成公司，经营地产业务。

香港的地产市场在 20 世纪 70 年代中期开始复苏，陈松青认准了商机，就开始在新界购入地皮，蓄势进军房地产市场。与此同时，他开设了独资的佳宁灭虫公司，“佳宁”这个公司标志首度面世。至 1977 年底，他成立佳宁集团有限公司，成为集团主席，直接控制多个由自己开设或收购的公司，包括他的第一家上市公司——佳宁投资有限公司。

作为来自南洋的“过江龙”（香港人对来自南洋的生意人的专称），根据香港地区法例规定，陈松青不可能立即获得香港本地银行的资金支持，他的主要资金来源是马来西亚金融机构，他从马来西亚裕民银行在香港注册的裕民财务公司获得了源源不断的贷款。在裕民财务公司的资金支持下，陈青松的业务不断扩大，遍及交通、航运、旅游、保险、房地产、金融、饮食、酒店甚至娱乐行业，业务版图从香港特区延伸至中国台湾、新加坡、马来西亚、泰国、菲律宾等地区和国家，成为一个拥有 200 多家公司的多元化集团。

★ 佳宁在香港创造股市神话

佳宁集团不断壮大，股价飙升，受到股民热烈追捧。而使陈松青在地产界声名大噪的是1980年的“金门事件”。

1980年1月，陈松青通过一家自己拥有75%股权的公司，以近10亿港元购入位于中环的金门大厦；数月后，他又宣称以16.8亿港元成功将它转售于另一财团，消息轰动地产及金融界，整个香港为之侧目，因为这是香港有史以来盈利最多的单一房地产项目。陈松青声称收购行动所需的庞大资金是来自于佳宁及一直支持他的幕后财团，不需要向银行借贷。而在香港，人们并不了解裕民财务与陈松青的关系，在金牌庄家詹培忠（前立法会议员）的协助下，陈松青以约3亿港元现金收购一上市公司美汉，稍后易名为佳宁投资有限公司，成为佳宁集团第一家上市公司，佳宁上市后每股的股价为6港元。这两宗交易一方面使佳宁在香港房地产市场备受瞩目，另一方面则显示出它具备雄厚的资本实力。1980年11月，佳宁股价一度升至每股17.9港元的历史高位。

1981年佳宁集团号称盈利20亿港元，与当年汇丰银行的盈利相差无几。上市不到两年的佳宁居然能够一举成为与香港第一大银行平起平坐的公司，陈松青这个“过江龙”居然能够和包玉刚、李嘉诚相提并论，这个故事实在是神乎其神。

佳宁集团的迅速崛起使市场惊诧，其股票价格不断攀升，一些短线投资者实现了发财的美梦。在佳宁的神话被坊间津津乐道时，陈松青正在制造着一个大骗局：陈松青和他的佳宁系那些令人眼花缭乱的子公司、孙公司对股价进行操纵，“自己买自己”，得以维持较高的股价。

★ 佳宁故事泡沫破碎，陈松青东窗事发

1982年前后，中英政府开始就香港前途问题谈判，那时香港的未来并不明朗，房地产价格大跌，各行各业均受到冲击。在这种形势的冲击下，佳宁集团的神话（确切地说应该是骗局）迅速破灭。1982年9月，佳宁仍坚称在6个月内获利2.69亿元，旋即宣布资金周转不灵，股价应声下落，它的主要债权银行提出将佳宁清盘。虽然佳宁集团试图力挽大厦于将倾，尝试与银行安排债务重整，但大势已去，佳宁股票于

1983年1月3日在交易所停止买卖，旗下公司逐步停业，一个叱咤一时的商业王国就此土崩瓦解。钟正文留下16亿港元的贷款担保和20亿港元的债务，首先逃离香港，佳宁商业诈骗案全面爆发。随后，债权人纷纷向法院起诉，佳宁集团及属下多家关联公司被清盘，1983年10月2日，陈松青及多名高管被逮捕。

1983年7月18日，裕民财务公司总经理助理贾里·易卜拉欣被暗杀。香港警方很快发现这起谋杀案并非普通的刑事案件，而是涉及复杂的重大商业诈骗案，廉署也介入了这起案件。

★ 陈松青的欺诈手法：空手套白狼

廉署的事后调查证明，与陈松青联手“呼风唤雨”的还有钟正文、裕民财务公司总经理等商界和法律界精英，其中裕民财务截至1983年4月，共向佳宁系提供了超过40亿港元的贷款。至佳宁系全线崩溃之时，其债务总额约在100亿港元左右。

曾参与调查的廉署总调查主任卢敬荣用“十个茶壶九个盖”来形容当年陷入困境的佳宁集团的财务状况。为了帮助佳宁收购金门大厦，裕民财务竟然借出了2.92亿美元给一个由陈松青控制、登记资本额只值两港元的新公司——这是当年最大宗的银行贷款，安排得极不寻常。

陈松青与裕民财务的关系堪称是狼狈为奸。碍于香港的法例限制，马来西亚的裕民银行不能在香港直接开办分行，就在香港成立了一家财务公司——裕民财务。在财务公司成立之初，必须积极争取客户打开局面，而表面风光实质亏空的佳宁为了扩张业务需要财务支援，于是二者一拍即合。通过“长袖善舞”的本事，陈松青与裕民财务的总经理及其他高层人士都建立了密切的联系，这些关系成为他恣意妄为的“保护伞”。

★ 审计师被暗杀，裕民财务贷款黑幕被揭

早在1982年，马来西亚裕民银行已开始怀疑裕民财务在港批核贷

款的程序出了问题，遂从吉隆坡总部调派一名内部审计师贾里·易卜拉欣来港任助理总经理，负责管理会计及贷款等事宜，实际上是派一个卧底，暗中开展内部调查，审核账目；同时裕民银行总部下令裕民财务在未获得总部批准前，不得再向佳宁系公司贷款。

可贾里·易卜拉欣却因此丧命，内部审计师之死，说明裕民财务向佳宁的贷款存在严重问题，马来西亚政府旋即委派审计署长诺丁、一名专业会计师和一名律师组成三人委员会，从 1984 年 1 月开始展开全面调查。最令人吃惊的发现是，在 1979 年至 1983 年间，裕民财务共批出 8 亿美元给佳宁集团及陈松青控制的其他公司，而这些贷款大多数是不符规定的，委员会怀疑有权签发贷款的高级行政人员，包括主席、董事及代理董事，极有可能涉及非法收受佳宁主席提供的利益，作为核准贷款的报酬。可是这三位人士均已于 1983 年 10 月底向裕民请辞，相继离开了马来西亚。这种不打自招的行为，证明他们在向陈松青发放巨额贷款的过程中肯定涉及严重受贿问题。

1985 年 4 月，诺丁委员会派代表来港，在律政司的安排下，正式向廉政公署作出贪污举报。

★ 长达 17 年，文件足足放满 47 个文件柜

接获诺丁委员会的贪污举报，廉署高层一致认为案情十分严重复杂，估计调查范围广跨度大，故决定成立专案小组展开侦办处理。然而，谁也没料到案件的侦查竟然长达 17 年，跨越了香港的回归，全案在 2001 年才正式结案。因为该案过于复杂，涉及范围的广度和深度一时难以估计，律政署一开始便委派了 6 名检察官加入专案组，方便随时提供法律观点和意见，这是律政署唯一一次在廉署调查阶段即介入的案件。

专案小组成立后，从警方手中取得大量与佳宁集团和裕民财务有关的文件。那些文件足足放满了 47 个文件柜。专案小组的成员于半年内增加到 25 人，其后又陆续增加至 40 多人。由于办案人员与文件越来越

多，专案小组不得不从执行处总部迁到中环香港贸易中心，独立运作。

本次调查遇到三大难题：

一是专业技术难题。因为涉及佳宁集团的财务来源和业务交易、追查款项的流向，同时还要查找贿款的转移途径，需要借助专业会计师的协助。为了解决这个难题，香港政府特别批准拨款聘用跨国专业会计师事务所参与此案，还聘用跨国律师事务所负责在其他国家或香港以外的地区处理法律程序。

二是取证困难。因为该案涉案人士广泛，而且多在国外，给取证工作造成很大麻烦。比如专案小组发现裕民财务批予佳宁的部分贷款不翼而飞，怀疑可能已转至陈松青的瑞士银行账户或经其名下的离岸公司调走了。廉署为此曾寻求瑞士法庭协助调查涉案账户，调查人员还专程前往瑞士搜集证据。还有调查人员专门跑马来西亚查阅文件和账目，还有的专门跑美国。

三是引渡困难。在调查人员的不懈努力下，加上港府和其他专业人士的协助，专案组在半年内便掌握了该案的犯罪手法并收集到有力的证据。据调查所得，涉及贷款金额不少于 6 亿美元，犯案的手法和目标其实很简单直接——通过行贿换取资本，从而在生意上“赚快钱”。

但涉案的几位裕民财务高管早已辞去职位离开马来西亚，散布在美国和其他欧洲国家，又因为这些人全都是高智商、善于利用各国法律漏洞躲避追查的狡猾分子，专案组既要获得国际刑警的协助来追查他们的下落，还要和各国政府、法庭从中斡旋，征求引渡。即使对方同意引渡，接受疑犯也是一种令人焦虑的经历。

★ 法网恢恢疏而不漏，陈松青获刑

陈松青被捕后，获得法官批准以 5000 万港元现金及 299 万港元人事保释，同时交出旅游证件由法庭保管。

为了公众利益及节约诉讼费，控方希望等待引渡同案的裕民财务前主席后再一并审讯，并获法官多次批准将前佳宁主席的审讯押后，谁料

这一拖便是 7 年。1992 年，陈松青轻微中风；随后他出示病历报告，证明自己患严重的心脏病和耳疾，欲以此理由回避审讯；1996 年，他从英国请来三名医学权威证明他的精神压力很大，身体状况恶化，以此作为向法庭求情的理由。

高等法院法官在 1996 年 9 月 27 日的判词中也曾斥陈松青利用法律制度，不断玩弄“拖延游戏”，他更指出“（本案）每一位被告都用尽所有法律途径和技巧，以图拖延无可避免的审讯”。

1996 年初，陈松青案初审。同年 3 月，高等法院大法官取消他的保释，还押监房，等半年后开审，陈松青随即通过律师表示承认两项控罪。1996 年 9 月 27 日，陈松青被判入狱 3 年。

2000 年 3 月 25 日，最后一名主要被告袁朗达（汇丰银行高层人士），被裁定一项收受陈松青 450 万港元贿赂罪名成立，令这宗纠缠 17 年，轰动一时的商业诈骗行贿案告一段落。

★ 案件反思

根据资料显示，与本案相关的诉讼费达 2.1 亿港元，由公费支付，单是廉署的主要支出已超过 2800 万元。然而，社会舆论普遍认同为了争取社会公义，花费在所不计，廉署查办“佳宁案”也彰显了法律精神及法治制度的重要性。当时的律政司表示，香港不容忍任何商业诈骗，执法机构不遗余力打击罪案，投入资源调查是必须的，司法公正不应贴上价钱标签。

通过对“佳宁案”的盘点，我们从中可窥见廉政公署对打击贪污的决心，以及人民群众对廉署反贪的信心和强大支持。反贪机构与全体市民的团结一致，是打好反贪战役的民意基础。

注：“高等法院”即为今香港高等法院，1997 年香港回归前称“高等法院”。

中　篇
廉政公署的运作系统初探

导　读

为了取得反贪工作的胜利，廉政公署成立之初便成立了“三套马车”并驾齐驱，但反贪效果如何，还取决于运作机制。没有运作机制的保障，再精美的机构设置也必将形同虚设。

对于任何一个政体和社会，建立反贪机构并不难，难在如何从体制深层到具体运作，都构筑强大而可持续的反贪公信力。

本章致力于从廉署的运行机制上寻求亮点，窥探其反腐系统的可行路径。

第五章　科学高效的内部运作

人事管理：合理薪酬和制度约束并用，确保队伍清洁

孟德斯鸠说："一切有权力的人都容易滥用权力，这是万古不易的一条经验。"究其根源，贪污问题还是人心人性的问题。人是贪腐滋生存在的主体，是贪念的来源。因此，如何确保廉政公署队伍的廉洁性就显得至关重要。

谈及廉政公署队伍的高效廉洁，内地不少人会将之归功于"高薪养廉"，任何对廉政公署薪酬体系有所了解的人都会发现，这一说法并不确切。确切的说法应该是合理薪酬，因为廉署职员薪水只比同级别的公务员高10％左右。

★ 合理薪酬

廉署相信公务员的薪酬应该定在一个与私营机构相近而合理的水平，以减低公职人员的贪污诱因。依据级别和岗位不同，廉署职员的月薪大概在1.51万至9.75万港元间，这一月薪与内地公务员相比不低，但在生活费用相对较高的香港却很正常。

另外，为保持独立性，廉署的职员采用聘任制，不属于公务员体系，也不受公务员条例规管。目前其1300多名职员均以合约形式聘用，其中逾半数职员在廉署服务超过10年。

更重要的是，相关资料表明，在没有任何法律和纪律要求的情况下，廉署职员中没有人投资股票，这在有80%的人投资股市的金融中心香港，多少有点不可思议。廉署对此的回答是，廉署人员在工作中经常要接触到与股价变化有关的信息，如某公司财务状况等，如果他们参与股票投资，其所拥有的这些信息可能会发生作用，对于普通投资者而言是不公平的。

廉署这种近乎苛刻的“严于律己”和不知疲倦的高效工作，使其在最近一年的公众调查中，获得了超过98.5%的被调查者支持。

★ 制度约束

廉政公署人员的任命、聘用，严格按法例规定执行，《廉政公署条例》第5条至第9条，对廉署人员的任命和聘用作出了明确规定。

廉政专员，由行政长官按照其认为适当的条件委任。廉政专员被委任后，按照命令，负责指挥和管理廉署，廉政专员在任职期间不得执行香港特别行政区政府辖下的其他受薪职位的职务。

副廉政专员，也由行政长官按照其认为适当的条件委任。如果廉政专员的职位出现空缺，或者在廉政专员离职期间，除了特区行政长官另有指示外，由副廉政专员代理廉政专员职务。如果廉政专员和副廉政专员同时缺勤，特区行政长官就得委任另一个人在缺勤期间代理廉政专员的职务。

其他人员，均须依照香港特区政府规例及一般适用于公职人员的行政规则而雇用。廉署人员的雇用条件，必须经行政长官批准；廉政专员根据行政长官批准的条件，雇用廉署其他人员，并发给委任状。同时，廉政专员如果相信确实为了公署的利益，那么可以在咨询贪污问题咨询委员会后，终止该人员的委任。

除此之外，廉署还有完善的防贪制度和持续的员工诚信培训，来强化职员的廉洁意识。

★“零容忍”威慑

廉政专员公开强调，队伍廉洁的关键不是“严惩重判”，而是做到“逢贪必被抓”。反贪机构的关键是要做到对腐败“零度容忍”。在廉署看来，“死刑并不能阻吓贪污犯罪的发生，因为只要有高利润在，杀头的生意总会有人做；而‘逢贪必被抓’则属那种肯定赔本的买卖，不会有人做”，所以，“逢贪必被抓”的威慑力，也是保护廉署队伍廉洁性的一道铜墙铁壁。

制衡与监督：不受监督的权力必然导致腐败

为了保证廉政公署的反贪污调查能独立、有权威地进行，《廉政公署条例》赋予其广泛的职权。但赋予权力的同时，也有相应的机制来约束其权力。长期以来，廉政公署之所以能够健康运行，与其内外部制衡机制密不可分。

★ 外部制衡机制

第一，法律规定的制约。法律不仅规定了廉署人员本身要受行政长官制约，而且也对廉署人员办案程序进行了规定。具体表现在以下几方面。

首先，对如何制约廉署人员违法规定详尽。例如，廉政公署人员行使调查权力时，必须先行出示证件，表明自己的身份，同时出示有廉政专员授权的证件。如果没有获得廉政专员授权而又假称获适当授权，即属违法，如罪名成立可判罚 2 万港元及监禁 1 年。

其次，对廉署工作的司法抑制规定。在香港，裁判官是裁判官法院的审判人员，裁判官法院属于刑事审判机关，裁判官介入侦查的主要目的是司法抑制，即运用法律对侦查机关的侦查行为进行抑制，以防止其恣意性。例如，廉政公署人员扣压被指控或涉嫌触犯《防止贿赂条例》所载罪项而受调查人士的旅行证件，或对这类受调查人士正准备或行将离开香港者进行拘捕，均须向裁判司申请，获得裁判司的同意并发出通知书的令状。

第二，特区行政长官与立法会来自法律授权的制约。廉政专员受特区行政长官的制约，廉政专员、副廉政专员都是由特区行政长官按照其认为适当的条件委任，正、副廉政专员必须按照特区行政长官的命令负责指挥及管理廉政公署，并受特区行政长官的管辖。正、副廉政专员一旦超越权限或滥用权力、或以权谋私，特区行政长官随时可以将其罢免。此外，立法会在监督廉署工作中亦至关重要，廉政专员及处长级人员须出席立法会会议，就廉署的政策大纲及申请拨款事宜回答议员的提问，他们参与立法会保安事务委员会定期举行的会议，就议员关注的问题作出解释。

第三，律政司与法院职能分工的制约。对贪污罪行提出检控须经律政司司长同意。在香港，刑事案件检控与否完全由律政司决定，律政司对刑事案件是否检控有酌情决定权。即便是律政司决定检控的案件，也不一定代表着廉署工作的胜利，因为最终的裁判权在法院手中。

有这样一个事件，充分说明了律政司、法院对廉署的监督：

拥有法律学位、更在升级试及格的廉署调查主任，在百货公司内将两支原价 685 元的红酒偷偷换上 75 元的计算机条形码，遭保安监视揭发。大律师提出被告只是一时贪心，被告的家人、同事等亦为他撰写求情信，形容他为人正直，本案对他的打击很大，而被告亦曾获廉署的嘉许状等。然裁判官在判刑时却指出，被告本为资深及有前途的廉署调查员，但他却知法犯法，判处他 120 小时社会服务令。

第四，投诉委员会的制约。廉政公署事宜投诉委员会是一个其成员由行政长官任命的独立运作机构，其职责是监察廉政公署如何处理该署及其人员的非刑事投诉；负责听取和审议针对廉署人员的所有非刑事投诉的调查报告，有需要时向廉政公署专员建议应采取的行政或纪律处分；在其认为适当情况下，就廉政公署处理投诉的方法进行检讨；当委员会发现廉署的工作程序有缺点时，建议对有关程序作出检讨和改进。

第五，咨询委员会的制约。与投诉委员会不同，咨询委员会是由来自社会各界的贤达人士组成，专门负责审查廉政公署各方面的工作。包括贪污问题咨询委员会、审查贪污举报咨询委员会、防止贪污咨询委员会以及社区关系市民咨询委员会，其性质和职权范围前文已有介绍。

第六，民众和媒体的制约。“阳光是最好的防腐剂”，廉署在办案过程中，注重向民众宣传其办案流程和运作机制，将对市民信息公开视为已任。例如，廉政专员每年都需要公开这一年度的工作总结（简称年报）。其中一些职责主要由廉政公署属下的社区关系处来处理，如就年度的工作计划向各地区的咨询委员会咨询意见；市民如欲取得有关反贪污法例及廉政公署监察与制衡机制的进一步资料，可随时联络任何一间廉政公署分区办事处；廉政公署有责任通过大众传媒宣传一些肃贪倡廉的信息，介绍廉政公署的工作权力及问责制度；新闻媒体也有权力报道一些廉政公署对反贪案件的处理情况。

★ 内部制衡机制

第一，“三管齐下”各司其职保平衡。廉政公署下设了廉政专员办公室和三个专门的职能责任部门，即执行处、防止贪污处和社区关系处，三个部门承担不同的职责（前面章节已有介绍）。这样的三个部门，三管齐下，预防、惩治与教育同抓并举。这种运行机制体现了廉署注重事前预防与事后追究的同等地位，有效地将权力均衡于不同的部门，分工清晰明确，效率自然提高。

第二，个人道德层面的自我约束。廉政公署对其人员有较高的人品要求，无论何时都须致力维护该署的良好声誉，并严格遵守诚信和公平的原则，尊重任何人的合法权利，不惧不偏，大公无私执行任务，绝对依法行事，不以权位谋私，坚守保密原则，为自己的行为及所做的指示承担责任，言行克制而有礼。

第三，廉署内部的“监视器”。廉政公署要求职员恪守最高的诚信水平，廉署的内部调查及监察组（L组），负责专门调查涉及廉署人员的违纪行为和贪污指控，以及涉及廉署或其职员的非刑事投诉。有关廉政公署人员的所有刑事投诉，不论是否涉及贪污指控，均须知会律政司司长，由他决定应否由廉政公署或其他执法机构调查，廉政公署必须就所有调查结果向律政司司长及审查贪污举报咨询委员会提交报告。

权力来源：廉政公署的重要反贪法规

法制的健全、规例的完善，使肃贪防贪工作有法可依，有章可循，这是香港地区反贪工作的一个显著特点。

香港地区法制较为健全，在肃贪倡廉方面有比较完善的法规与制度，除了《廉政公署条例》对廉署工作的开展提供切实的法律保障外，历年来，香港特区政府主要引用了《防止贪污条例》《防止贿赂条例》《选举（舞弊及非法行为）条例》来开展反贪行动。

这几方面的法规，是香港特区政府开展反贪污斗争的重要法律武器，在树立社会廉政之风行动中发挥了很大的作用。

★ 廉政公署条例

《廉政公署条例》是香港旨在就关于廉政公署的设立及附带事宜订定的条文。该条例就廉政公署的设立、经费使用、公署工作人员的委任、逮捕权、搜查权、取证方式等作出了规定。

★ 防止贪污条例

《防止贪污条例》是港英政府在1948年修正的有关防止贪污法律条例的基础上形成的，1948年7月30日公布施行，以后又经过1949年、1950年的两次修订。

该条例共 12 条，就贪污犯罪的认定、刑罚、起诉、证据等方面作了规定。

该条例在颁行之后的 23 年时间里，在反贪污斗争中发挥了一定的作用，但由于贪污现象依旧不断滋生，同时由于该条例对贪污罪名的认定、检控等方面的规定太过笼统，给反贪斗争带来某些影响，因此该条例于 1971 年被废除。

为了解反贪法规的历史，笔者认为还是有必要将其要点概括如下：

① 无论何人由其本人或经由或串通他人贪污贿赂，或为自己或为他人接受或同意收受任何礼物、贷款、费用、报酬或优越利益，作为诱导或酬报或为其他目的使公务团体个人、官员或服务人员办理，或禁止办理各该团体之实际或拟议情事或事务者，以犯罪论。

这是对受贿者而言，对于行贿者，该条例同样适用，以犯罪论。

② 经由代理人贪污

条例规定，凡有下列情事之一者，以犯罪论。

• 任何代理人贪污贿赂，为自己或为他人接受或收取或同意接受或企图收取他人之礼物或代价，作为诱使后酬报其办理或禁止办理有关主事人之事务行为，或在本例施行后曾经办理或禁止办理此项事务或业务，或为表示或禁止表示恩怨于任何人者。

• 凡贪污贿赂而对任何代理人给予或同意给予或提供任何礼物或代价，作为诱使或酬报其办理或禁止办理有关主事人事务或业务之行为，或在本例施行后，曾经办理或禁制办理此项事务或业务，或为表示恩怨于任何人者。

• 凡明知故犯给予任何代理人，或代理人明知故犯意图欺骗其主事人而使用任何收据、账目或其他文据，对主事人有利益关系，而其内载情事具有严重虚伪、失误或失效，且其本人明知系意图欺骗其主事人者。

③ 不服从检查特权者

无论其他法律有任何之规定，总检察官如认定有相当理由怀疑任何人犯本例规定罪行者，得以书面特别授权警司阶级以上警官调查该人在银行之存款、股份账目或购买账目，而上述授权，即为令缴验上述账目文件等之充分票令。无论何人对上述授权之警官不提供此项有关情报者，以犯罪论，应受简易诉讼程序审判科 2000 港元罚金及 1 年有期徒刑之处分。

④ 贪污证据之特别规程

对于犯本例规罪行执行审讯或侦查，法庭或裁判司得加考虑及证明被告人——

• 其人持有或支配金钱来源或非属于收益明朗来源之财产而不能作满意解释者。

• 其人在被指控犯罪时期或前后曾经获得金钱来源或财产之增加而不能作满意之解释者。

这一规定十分重要，后来发展为拥有无法解释之财产即视为贪污的法则，这在英联邦国家和其他英国殖民地是没有先例的。

★ 防止贿赂条例

《防止贿赂条例》于 1971 年 5 月 4 日颁布施行，是继《防止贪污条例》后的又一重要肃贪法例。就两个条例比较而言，《防止贿赂条例》条款更具体、明确，适用范围更广，可以说是对《防止贪污条例》进行补充、修订和完善的产物，因此成为 40 多年来香港肃贪最重要的法律武器。正如该条例的开宗明义："本条例旨在防止贿赂及有关事项作更详尽之规定。"

该条例分五部 35 条，第一部为总则，第二部为违例事项，第三部为调查权力，第四部为证据，第五部为杂项规定。

要点概括如下：

（1）什么构成贿赂

① 公共部门

香港《防止贿赂条例》（以下简称《条例》）规定了公共部门和私营部门的若干贿赂罪行。在公共部门，以下行为是被禁止的：

订明人员（无论在香港还是其他地方）未经行政长官许可而索取或接受任何利益；

为履行或不履行公职，或协助或妨碍任何人与公共机构间往来事务的办理而向公职人员提供任何利益，或公职人员接受任何利益；

为促成与公共机构订立合约、撤回与公共机构订立合约的投标，或在公共机构举行的拍卖中不做竞投而提供、索取或接受任何利益；

与政府或公共机构进行事务往来时，向订明人员或公职人员提供任何利益；

现任或前任行政长官或订明人员管有来历不明的财产。

《条例》中“订明人员”“公共机构”和“公职人员”的定义广泛，通常指政府机构和司法机构人员，“利益”包括金钱、馈赠、佣金、职位、合约、服务、优待以及全部或部分免除责任。

② 扩展至私营部门

在私营部门，《条例》规定，未经长官的许可而向代理人提供任何利益，或代理人索取或接受任何利益，作为履行或不履行与其长官事务或业务相关的任何行为的诱因或报酬，定为犯罪。“代理人”广义上包括公职人员及受雇于或代表其他人的人。

③ 罪行涵盖在香港以外地区发生的行为

《条例》中的罪行可能涵盖在香港以外地区作出的行为。例如，即使所涉及的代理人是外国公职人员，且与其公共职务相关的利益是在香港以外的地点接受的，贿赂代理人的罪行仍然适用。在香港接受利益或从香港提供利益，这是其中必不可少的联系。

④ 普通法及特定部门中的其他罪行

《条例》没有取代普通法中关于履行公职过程中贿赂和行为失当的罪行，在香港仍然适用，这一点十分重要。此外，香港的专门性法规规定了特定部门的贿赂罪。例如，《银行业条例》(《香港法例》第 155 章)第 124 条禁止受香港监管的银行及其他“授权机构”的董事和雇员向客户索取或接受客户的种类广泛的利益。

（2）例外和抗辩理由包括哪些

根据《防止贿赂条例》，通常任何人都可进行抗辩，证明其获得合法授权或有合理理由提供、接受或索取利益。但是，证明接受利益是一种惯例不可作为抗辩理由，利益未对或不会对接受者产生任何影响也不可作为抗辩理由。

（3）有哪些处罚

① 罚款和监禁

下表概述了《防止贿赂条例》规定的最高处罚：

表 5－1　处罚规定

罪行	简易程序判决	公诉程序盘踞
索取或接受利益	罚款 10 万港元 1 年监禁	不适用
贿赂	罚款 10 万港元 3 年监禁	罚款 50 万港元 7 年监禁
为给予协助或撤回投标而进行贿赂	罚款 10 万港元 3 年监禁	罚款 50 万港元 10 年监禁
与拍卖和公职人员有关的贿赂，与代理人的贪污交易	罚款 10 万港元 3 年监禁	罚款 50 万港元 7 年监禁
占用来历不明的财产	罚款 50 万港元 3 年监禁	罚款 100 万港元 10 年监禁
备注	相关财产可能收归政府所有	

② 其他后果

被判处受贿罪的任何人须将收取的贿赂金额或价值赋予法院令指定的人员或公共机构。此外，根据《条例》被判处罪行的任何人，可能在一段时期（不超过 7 年）内不得担任或继续担任公司、公共机构、合伙机构或事务所的专业人员、董事或经理，这一惩罚后果对于商业人士很有震慑力。

（4）最新进展

近年来出现了一些备受关注的贿赂和腐败案件。例如，2014 年郭炳江因向香港前政务司司长许仕仁提供多种利益，包括无担保贷款和未交租金入住豪宅，被判处 5 年监禁，罚款 50 万港元。

作为前政务司司长，许仕仁是当时香港特别行政区第二大高官。经裁定，许仕仁涉嫌公职人员行为失当和贿赂的多项罪名成立，被判处 7.5 年监禁，并被勒令向政府归还贿款 1118.2 万港元。

值得一提的是，许仕仁根据《防止贿赂条例》被定罪，而郭炳江被判处违反普通法规定，二人均未获准保释，正在收押，法院尚未就二人各自提起的上诉作出判决。

2017 年 2 月，曾荫权也被判入狱，目前正在服刑。

★ 选举（舞弊及非法行为）条例

《选举（舞弊及非法行为）条例》于 1955 年 6 月 10 日颁布施行，旨在防止有关选举之舞弊及非法行为，其实质也是防止贪污贿赂罪行深入选举领域。

该条例分五部 29 条，适用于香港特别行政区立法会、市政局、区域市政局、区议会、乡议局，及任何为填补立法会、市政局、区域市政局、区议会、乡议局议席空缺而举行之选举；经立法局决议案或任何条例规定适用于本条例之任何机构及该等机构成员之选举。

（1）舞弊行为

为防止选举中的舞弊行为，条例从以下几方面作出规定：

① 有关贿赂

《条例》第 7 条规定了贿赂候选人或准候选人的舞弊行为。

任何人士，均不得直接或间接由其本人或其代表人作出下列情事——

（a）提供利益予另一人——

（i）作为该另一人在选举中参选或不参选的诱因；或

（ii）（如该另一人已在选举中获提名为候选人）作为该另一人撤回接受提名的诱因；或

（iii）（如该另一人已在选举中获提名为候选人）作为该另一人不尽

最大努力促使该另一人当选的诱因；或

（b）提供利益予另一人——

（i）作为该另一人已在选举中参选或不参选的报酬；或

（ii）（如该另一人过去在选举中获提名为候选人）作为该另一人已撤回接受提名的报酬；或

（iii）（如该另一人已在或过去在选举中获提名为候选人）作为该另一人不尽最大努力促使该另一人当选的报酬；或

（c）提供利益予另一人——

（i）作为该另一人令第三者或试图令第三者在选举中参选或不参选的诱因；或

（ii）（如该第三者已在选举中获提名为候选人）作为该另一人令该第三者或试图令该第三者撤回接受提名的诱因；或

（iii）（如该第三者已在选举中获提名为候选人）作为该另一人令该第三者或试图令该第三者不尽最大努力促使该第三者当选的诱因；或

（d）提供利益予另一人——

（i）作为该另一人已令第三者或已试图令第三者在选举中参选或不参选的报酬；或

（ii）（如该第三者过去在选举中获提名为候选人）作为该另一人已令该第三者或已试图令该第三者撤回接受提名的报酬；或

（iii）（如该第三者已在或过去在选举中获提名为候选人）作为该另一人已令该第三者或已试图令该第三者不尽最大努力促使该第三者当选的报酬；或

（e）索取或接受利益——

（i）作为在选举中参选或不参选的诱因；或

（ii）（如该人已在选举中获提名为候选人）作为撤回接受提名的诱因；或

（iii）（如该人已在选举中获提名为候选人）作为不尽最大努力促使该人当选的诱因；或

（f）索取或接受利益——

（i）作为已在选举中参选或不参选的报酬；或

（ii）（如该人过去在选举中获提名为候选人）作为已撤回接受提名的报酬；或

（iii）（如该人已在或过去在选举中获提名为候选人）作为没有尽最大努力促使该人当选的报酬；或

（g）索取或接受利益——

（i）作为令另一人或试图令另一人在选举中参选或不参选的诱因；或

（ii）（如该另一人已在选举中获提名为候选人）作为令该另一人或试图令该另一人撤回接受提名的诱因；或

（iii）（如该另一人已在选举中获提名为候选人）作为令该另一人或试图令该另一人不尽最大努力促使该另一人当选的诱因；或

（h）索取或接受利益——

（i）作为已令另一人或已试图令另一人在选举中参选或不参选的报酬；或

（ii）（如该另一人过去在选举中获提名为候选人）作为已令另一人或已试图令该另一人撤回接受提名的报酬；或

（iii）（如该另一人已在或过去在选举中获提名为候选人）作为已令该另一人或已试图令该另一人不尽最大努力促使该另一人当选的报酬。

《条例》第 11 条规定了贿赂选民或其他人的舞弊行为，内容可简单概括为：

为诱使任何投票人在选举中投票或不参加投票，或因该人曾在选举中投票或不参加投票而向该投票人或代其向他人，或向投票人之代表人或代其向他人，或向任何其他人士或代其向他提供“利益”。

② 有关冒充行为

任何人士，不得在选举中以他人姓名申请选票，不论该姓名所指之人士是否在世或虚构者；亦不得曾在某一选举中投票，复以其本人名义在同一选举中申请选票。

③ 有关饮食款待

任何人士，不得在选举前后或选举期内，直接或间接由其本人或其代表人——

（a）为影响某人或任何其他人士在选举中投票或不参加投票，或因该人或任何其他人士曾在该次选举中投票或不参加投票而向该人或代其向他人舞弊性给予或提供任何膳食、饮品、款待或饮食，或支付提供上述所需之全部或部分费用。

（b）舞弊性接受或享用该等膳食、饮品、款待或饮食；但下列情形则属例外——任何人不会仅因他在选举聚会中供应任何不含酒精的饮料，而被认定为舞弊行为。

④ 其他不当行为

其他不当行为包括本人或其代理人作出——

对候选人或准候选人施用武力或胁迫手段，或威胁对候选人或准候选人施用武力或胁迫手段的行为；

作出某些关乎候选人或准候选人、选民的欺骗性行为；

污损或销毁提名书、选票的行为；

关于在选举中投票的舞弊行为；

不当运用选举捐赠的舞弊行为；

提交虚假或具误导性的选举申报书的舞弊行为；

受贿撤回选举呈请或选举上诉的舞弊行为。

（2）非法行为

《条例》第三部规定了选举非法行为，主要包括以下几大类：

并非候选人亦非选举开支代理人的人招致选举开支的非法行为；

候选人招致超过订明限额的选举开支的非法行为；

发布虚假陈述指某人是或不是候选人的非法行为；

发布关于候选人的虚假或具误导性的陈述的非法行为；

发布选举广告假称获支持的非法行为；

原讼法庭获赋权制止任何人重复某些非法行为。

第六章　反贪执行运作

由举报工作开始

打击贪污分子的行动由举报工作开始。廉政公署自成立以后；为了肃贪倡廉，一贯呼吁市民挺身举报；而廉署有关贪污案件的线索，最主要的也是来自市民的举报。

★ 举报途径及处理程序

市民的举报途径主要有四种：

① 电话举报

市民有关贪污问题的投诉，可以通过廉政公署的热线电话25266366进行，这个电话号码在廉署的宣传海报和各电视台的宣传节目中经常出现，目的是让广大市民牢记于心，方便举报。

② 投函举报

投诉人可以通过致函香港邮政总局信箱1000号，向廉署举报贪污，信函具名与匿名不拘。

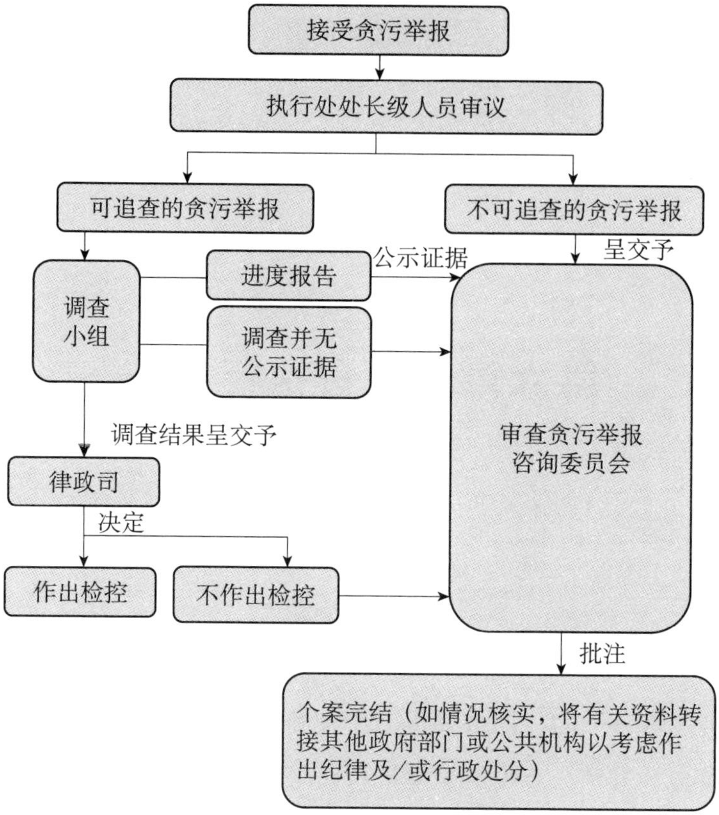

图 6-1　执行处调查投诉程序

③ 上门举报

投诉人可以亲临位于香港中区的执行处总部举报中心投诉。该举报中心全年每日 24 小时都有人当值。此外，市民也可就近到廉署各分区办事处投诉，然后再由分处将投诉转送举报中心。

④ 由政府部门转交举报

政府有关部门在执行公务或接触市民过程中，发现和接获有关贪污、贿赂的线索，即转交给廉署。

廉政公署承诺："无论你以任何形式举报，都会依据内容性质决定能否作出任何跟进行动。若你亲身举报，便能与当值主任详尽及清晰地商谈，有助将来的跟进工作。"另外，不少举报者在一开始可能拿不出足够多的证据并保证证据的绝对正确，害怕出现被控“诬告”的情况，廉署做出如下解释：“诬告”是指有人明知所举报的不是事实而仍作出虚假陈述或指控。未能提供十足证据并不等于作出虚假指控。这条规定免去了举报人的后顾之忧，表明了廉政公署鼓励举报的态度。

不论采用上述哪种途径举报，廉署对举报人的一切资料均予以绝对保密。

★ 涉及贪污的举报

廉政公署是肃贪倡廉的专职机构，其受理的举报主要是涉及贪污的举报，它包括三方面的内容：

① 指控公务员贪污的举报

此类指控公务员贪污的举报，主要涉及日常工作与市民经常接触的政府部门，其中警务处最多。随着肃贪倡廉工作的开展，近年来有关公务员贪污的举报数量已经有了大幅度的下降。

② 涉及公共机构的贪污举报

香港肃贪工作涉及有公共机构，是指《防止贿赂条例》第 2 条规定的香港特区政府以外的行政会议、立法会、各区议会，和行政长官或行政长官会同行政会议委出，或由他人代行政长官或行政长官会同行政会议委出的各类委员会或其他机构，不论该委员会或机构是否获得酬劳；以及《防止贿赂条例》附表所载的其他机构，如中华电力有限公司、中华汽车有限公司、中华煤气有限公司、职业训练局、大专院校和考评局等。

③ 涉及私营机构的贪污举报

值得引起重视的是，涉及私营机构贪污的举报，近年来逐渐上升。无论何种举报，都不会“石沉大海”。对于反馈，廉政公署也有着自己的规范，他们是这么描述的：如需进一步资料，我们会联络举报人，举报人也可联络案件调查员，查问调查进程或提供进一步资料；无论你以任何形式举报，我们会依据内容性质决定能否作出任何跟进行动。

每天早上7点，举报中心将过去24小时接获的所有举报纳入“早晨报告”，由执行处首长及处长级人员进行审议，决定是否展开调查；执行处接到举报后会很快分析归类，立案调查，如证据充分，案件便移交律政司，能否提出检控，由律政司司长决定。

调查与取证

廉政公署对所有已列入受理的举报，必定加以彻底的调查，任何人都不能出面恳求商量不采取调查行动。任何想不做调查的举报，廉政公署执行处本身无权决定，均须由审查贪污举报咨询委员会通过，以示公允。

① 专业的调查团队

廉署设执行处建立起了一支人数众多，专业人才云集的一流办案队伍，形成了对腐败分子的最强有力震慑。一是人员力量向办案集中。廉署总人数1300多人，执行处占了2/3，为反腐“零容忍”提供了强大的人力支撑。二是处科组三级设置，实现反腐全覆盖。执行处下设4个调查科，调查一科和调查三科负责政府部门，调查二科和调查四科负责私营机构，还有专门的内部调查科，助理处长担任调查科首长。这既实现了公私领域的全覆盖，又能随时跟进新的腐败领域，如前几年查处的水客倒卖奶粉、打假球等案件，做到了反腐的全覆盖和与时俱进。三是设立支援组，提高办案专业化水平。执行处分别设有政府部门和私营机构调查支援组，承担情报、跟踪、法律把关、电脑鉴证等工作。政府部门支援组，负责情报、线人处理及卧底行动、证人保护及枪械，跟踪等工作。私营机构支援组分为两部分，其中一部分下设审查贪污举报咨询委员会秘书处、举报中心、扣留中心、快速反应队，负责国际及内地（行动）联络、充公犯罪得益、行政及行动支援等工作；另一部分负责管理及法律研究，内部调查，统计资料研究，核数和审查，训练及发展，资讯科技及电脑资料鉴证，财务调查等工作。

② 特殊的调查权力

香港贪污案件的调查，与其他案件的调查有着很大的差别，这主要是由于贪污案件与其他案件有多方面的区别。

第一，在大多数情况下，进行调查前已掌握了涉嫌人士的身份，不必探查“嫌疑人”，亦不必进行盲目的搜查，问题关键在于搜集及提出证据。

第二，大部分贪污案件都缺乏“受害人”，因为给予者与接受者均因双方的利益而进行贪污。

第三，贪污者有的并非直接以自己的名义拥有财富，而是把非法所得寄存于情妇、妾侍或亲友手上。

针对贪污案的这些特点，香港特区政府为实现有效地打击贪污的目的，在法例上赋予廉署很大的调查权力，并且在取证的方法上做了特殊的规定。

③ 广泛的调查内容

廉署在行使调查权力时，其主要的调查对象和内容是：与涉嫌犯贪污贿赂人士的有关人员，和与其有关的任何股份账、购买账、会社账、认缴账、投资账、信托账、互惠或信托基金账、开销账、银行户口账或其他各种各类的账目，及银行簿册、公司簿册、文件或其他物品。

而在进行任何关于某人被指控或涉嫌触犯《防止贿赂条例》所载罪项的调查或诉讼时，廉政专员可用通知书的形式，进行下列内容的调查：

第一，令该人向通知书所指定的调查人员提交法定声明书和廉政专员认为适当的陈述书，罗列以下需要调查的内容：

由该人、其代理人或受托人所拥有或管有，或在紧接该通知书日期之前 3 年内或该通知书指明的较短期间内曾经在任何时间拥有或管有，且属该通知书所指明种类的动产或不动产；并就每项列明的现有或曾有财产，说明是否共同管有或各别管有（如属共同管有，则与谁共同管有），并说明每项财产的获取日期、获自谁人及是否以购买、受馈赠、受遗赠、继承或其他方式获取，如以购买方式获取的，则说明所付代价；另就所列明且在通知书日期之前 3 年内或前述的较短期间内曾经在任何时间以售卖、馈赠或其他方式处置的每项财产，说明处置的方式及处置予谁，如以售卖方式处置的，则说明所获代价。

该人在该通知书指明的任何期间内（该期间开始之时以不早于通知书日期之前 3 年为限），因其本人、配偶、父母或子女的生活费用及其他私人开支而招致的一切开支。

该人、其代理人或受托人在该通知书指明的时间或期间内（该时间或期间开始之时以不早于通知书日期之前 3 年为限）所承担的一切法律责任，并就每项列明的法律责任说明是否共同承担或各别承担（如属共同承担，则与谁共同承担）。

第二，要求该人向通知书内指明的调查人员提交法定声明或（如专员认为适当）提交陈述书，述明在通知书指明的期间内由其本人或由他人代其调离香港的任何款项或其他财产。

第三，要求任何其他人向通知书内指明的调查人员提交法定声明或（如专员认为适当）提交陈述书，列明他所拥有或管有，且属该通知书所指明种类的动产或不动产，并就每项列明的财产说明获取日期及获自谁人（如专员相信该等资料可能有助于该调查或法律程序）。

第四，要求专员所相信知悉与该项调查或法律程序有关的事实的任何其他人，向通知书内指明的调查人员提供他所管有或可合理取得（但非公众容易得到），且属关乎通知书所指明事项的一切资料，或（如专员认为适当）往见通知书内指明的调查人员或通知书内指明的其他人，以宗教式或非宗教式宣誓后口头答复与该等事项有关的任何问题；以及在通知书内指明的调查人员或其他人的要求下，出示、交付或以其他方式提交他所管有、控制或可合理取得（但非公众容易得到），且属通知书内指明的调查人员或其他人认为可能与该调查或法律程序有关的文件的正本或副本；为施行本段的规定，通知书内指明的调查人员或其他人赋有权限以主持宗教式或非宗教式的宣誓。

第五，要求任何公共机构或其辖下任何部门、办事处或组织的主管人向通知书内指明的调查人员出示或提交他所管有、控制或可合理取得（但非公众容易得到）的任何文件，或该文件经该主管人核证的副本。

第六，要求任何银行经理向通知书内指明的调查人员交出通知书上列出姓名的人或其配偶、父母或子女在该银行的户口账目副本。

第七，令以下人士提供资料及出席答复问题。

在任何一宗土地或财产交易中曾经或正在代任何一方当事人办事的人或其雇员。

在任何一宗土地或财产交易中涉及任何代价、经纪费、佣金或费用的交收，或涉及任何支票或其他交易票据的结算或收账的人或其雇员。

这些所需的资料及须答复的问题，是针对以下三项而言：

一是任何人的全名（包括别名）及地址，以及他所管有且可能有助于识别或寻找该人的其他资料。

二是就该宗或有关该宗土地或财产交易而支付或收取的任何代价、经纪费、佣金或费用。

三是该宗土地或财产交易的条款及条件。

以上对贪污案件展开的调查，都是在绝对保密的情况下进行的。

④ 取证

廉署人员进行贪污案件调查时，不惜花费巨大的人力、物力和时间，力求搜集到充分的证据。尤其是案情较大的往往历时长久，动用廉署很多资源，甚至要到海外追查。比如廉署在调查“佳宁案”时，就曾动用40多名调查员，在本地及海外会见了385位证人，录取了超过800份口供及宣誓证词，涉及文件达400多万份，历时7年，终于查了个水落石出，取证的艰辛可想而知。

⑤ 线人计划

自从执法职务在世界上出现以来，人们即已讨论“线人”的问题。多年来，世界各地对这类处于法律边缘的独特和神秘人物冠以不同的称呼，有远到1738年的“告密人”，有1940年的“窃语者”及20世纪70年代的“仙草”等，在香港沿用已久的称号有“线人”“魁”或“针”，还有“边缘人”，这些形形色色的代号或行业术语，都是用来形容一类人物——那些对执法工作贡献很大却又非常危险的人。

香港廉政公署如同其他执法机构一样，在开展贪污案件调查中注意运用来自不同背景的线人为其服务，他们把这项内容称之为“线人计划”。

廉署选用的线人大致分三类：

第一，普通线人。包括那些间中或长期为廉政公署提供线报的人。他们是廉政公署的耳目，每次提供的资料，均能使廉署知道本地贪污情况的最新变化及与贪污有关的罪行究竟动向如何。所搜集来的资料均经过正当的情报处理程序，若有可能或需要时，便会根据这些资料展开正当的调查工作。

第二，参案线人。指线人在合理的情况下获准参与犯罪活动，为廉政公署搜集证据，这方面的线人，需要更严格的监管，而廉署在作出如此隐蔽的行为时，须事先取得律政司的同意。线人方面，通常会提到法律上的保障，他们会收到官方的豁免检控书，声明他们不会因在提任线人期间所从事的犯罪活动而遭受检控。如有需要，线人过往所犯的有关罪行亦会列入豁免检控范围内。

第三，居留线人。该项计划是廉政公署于 1986 年初开始推行的。这类线人包括法庭下令关押或正在服刑中的人士，通过商洽，答允与廉署合作，提供有关其同犯的刑事或贪污资料。他们换来的条件，是可以在拘留期内得到保护，受到较优厚的待遇，以及获得轻判或减刑等。廉政公署专门安排了一些专为这些居留线人而设的拘留设施，以资配合。他们在安保极度严密、环境舒适的拘留地点接受廉署人员的侦讯。廉署对居留线人的使用，须或经裁判司、或经高等法院法官、或经行政长官签发指令。

这三种线人计划各具特色，对廉政公署的肃贪工作贡献很大。

⑥ 侦查设备很先进

为保证调查的准确、及时，廉署充分运用了现代科技手段，如电话截听、传音器截听、闭路电视调查等技术手段。执行处还装备了多套多功能电脑系统、录音录影系统和单向观察镜认人系统，以协助调查人员进行复杂而规模庞大的调查工作。这些设备，往往被隐蔽地设置于嫌疑人士出入和接头的寓所、写字楼、车辆内等地方，廉署在调查中还与警务处、入境事务处、香港海关等执法机构保持高度紧密的合作，有力地保证了调查工作的顺利开展。

拘捕与检控

在完成嫌疑确认和证据搜集的调查取证阶段后，廉政公署执行处便会进入对嫌疑人的拘捕和检控阶段。

① 拘捕

廉署人员在履行反贪职责过程中有权拘捕涉嫌触犯《廉政公署条例》《防止贿赂条例》《选举（舞弊及非法行为）条例》的人士，或身为政府雇员却因滥用职权而犯勒索罪名的人士。

嫌疑人被拘捕之后，将被置留于廉政公署办事处，以便廉政专员进行进一步的调查问询。如高级廉政主任或以上职级人员决定进行详细审讯，嫌疑人将被廉署予以直接扣留。但嫌疑人也可以在获得高级廉政主任或以上职级人员的允许下，通过提供相应人事担保以及合理数额的保证金后，予以释放。经保释后的嫌疑人仍须在指定时间前往廉署报到或者出庭应讯，否则裁判司可以按照廉政专员的申请将保释金充公，廉政专员也可要求执行职务人员持拘捕令将其重新拘捕。

凡被廉政公署拘留的嫌疑人，都将按照实际情况在 48 小时内提交给裁判司进行司法审讯。同时，如果高级廉政主任或以上职级人员认为需要或适宜，也可由廉署人员将嫌疑人重新羁押。

嫌疑人被拘捕后，廉署会立刻通知受拘捕者的相关联系人，如其近亲或嫌疑人指定的其他人，如果被嫌疑人是公职人员，还应当通知其行政首长。在拘留期间，廉署负责向嫌疑人提供一切生活设备和食物、饮水，并指派一名专门的看守。该看守人员在嫌犯的拘留期间，全权负责嫌疑人的安全和人身健康需求。嫌疑人可以写书信，但是要由廉署人员代为邮寄或转递，同时嫌疑人也可以在不妨碍调查或不违背法律规定的情况下通电话。同时，廉署对所有被拘留人都会设置一份拘捕记录表（或拘留记录表），详细记录以下内容：

第一，在受拘留人士被拘留时，立即记录其受拘留的理由；

第二，在受拘留人士的所有活动及晤谈，其所提要求，以及供应与该人膳食、物品及各项设备情况；

第三，受拘留人士对拘留情况或任何人员的行为所作出的每一项投诉；

第四，廉政公署人员对受拘留人士每次使用手铐的情况；

第五，看守人员不批准受拘留人士保留任何因风俗习惯或宗教理由而须佩戴的首饰、必要衣物及助听器的理由，物品名称、数量；

第六，受拘留人士认为需要记录的其他事项；

第七，受拘留人士在其受看守期间内所发生的而须予以记录的事项；

第八，行政长官委派探访受拘留人士的太平绅士的探访情况。

② 检控

香港特区法律规定“凡属《防止贿赂条例》第二部所列罪行，除经律政司司长或其授权代表同意，否则不得起诉”。也就是说，廉政公署在对贪污贿赂案件进行调查、搜集证据之后，并没有权力对嫌疑人直接进行检控，必须首先将调查数据提供给律政司审阅，并由其做出是否检控的决定，这种职能设置有效地防止了权力的滥用和廉署内部的腐败。

廉政公署在考虑是否进行起诉的时候，往往首先与律政司下辖的检察官进行讨论，如果律政司或其授权的检察官批准起诉请求，案件将再次退还廉署，并由其向法庭提出检控。更多的时候，廉署会采取一种被称为“法律支持”的非正式会议形式来讨论案件的具体检控情形。

当律政司批准起诉后，廉署会在案件退回后按照指示，尽快向法院提起检控，未被批准检控的，则采用警戒措施，进行进一步监察和证据搜集。如案件涉及公职人员，还会专门研究决定是否由相关部门采取纪律行动处理；如案件涉及私人机构而且罪行相对较轻，危害较小影响不大，则可视情形采用警戒方式，从而避免因进入检控程序而浪费政府资源。

法庭审判

对廉政公署根据律政司署的决定而检控的贪污、贿赂案件，法庭坚持依法独立审判，将违法犯罪分子绳之以法。这方面，首先为廉政公署赢得市民喝彩、鼓舞全港市民肃贪倡廉信心的例子，就是“葛柏案”的审理。

需要特别指出的是，有的案件向法庭提出检控后，往往要经过较长的时间才能作出最后的判决，而中间由于控方、被告各自不同的意见，以及不断出现的新情况，还会使案件审理出现反复情况，需要时间续审。前香港联合交易所主席李福兆案的审判就是一个例子。李福兆于1988年1月2日被拘捕，该案历时两年多，久久未能结案，且不停有新发现，起伏跌宕，直到1990年10月18日才结案。

综上所述，纵观廉署的反贪执行流程，我们能发现其优点如下：

从调查内容上来看，基本覆盖了廉政犯罪证据的全部载体，为定罪取证提供了充分的调查空间和取证环境，从而在案件审理中掌握大量的事实证据，使廉署在案件的侦办过程中占据了主动。

从取证方式上来看，除廉署人员认真细致的工作热情和滴水不漏的工作制度外，其线人计划和隐蔽器材的使用尤其值得我们借鉴。采用单向观察镜认人系统后，可以避免当面指证时证人所面临的巨大心理压力，从而使证人在完全没有压力和十分安全的环境下完成指证。

从拘捕检控上来看，不但能够保证嫌疑人的合法权利，而且在这个前提下提升检控效率，节约社会资源，为廉署办案的高效率提供了保障。

从法庭审判上来，只要触犯了刑律的人士，不管其身居何位，有何等背景，均须依法惩处，绝无例外。

无论你是谁，有错必被究——廉署反贪之明星“顶包案”

无论你是谁，无论你头上有多少光环，无论你背后有多大的靠山，只要你犯了错，哪怕错误再小，只要被以廉洁为价值观核心的香港市民盯上，被捍卫司法公正的廉署瞄上，就一定会彻查到底。

香港明星谢霆锋，就曾亲身领教过廉署的反贪威力以及香港市民对小贪的穷追猛打。

★ 案情简介

2002 年 3 月 23 日凌晨时分，香港红棉路发生一起严重车祸，一辆法拉利跑车撞上路边的花坛，由于撞击力巨大，整辆车完全扭曲。

事发在凌晨 6 时许，当时由于下雨，又值凌晨，能见度较低，但因为四周鲜有车辆，受周围影响的可能性较小，撞车事故可能由驾车者自身原因造成。再从汽车撞毁的程度判断，当时的车速应该非常之快。

事后查明，事故车辆是一辆黑色法拉利 F360Modena，可爆发 400 匹马力，重量只有 1390 公斤，极速可超过每小时 300 公里，由启动到时速 100 公里仅仅需要 4.5 秒，这款车马力强劲，为赛车手所喜爱，也为那些喜欢飙车的“新新人类”所钟情。出事汽车系香港娱乐大亨英皇集团老板杨受成赠送给旗下歌手谢霆锋的，因此，大家怀疑此次撞车案与谢霆锋有关。

谢霆锋喜欢飙车，在圈子内外，可说无人不知。与追踪采访的记者赛车是谢霆锋常表演的项目，即使身边没有记者，他也一样会飞车。此次凌晨的车祸可说是一次记者未在场的车祸。

★ 顶包事件

警方到场时，已经“人去车空”，车门被锁上，引擎仍然在动，灯亦亮着，约 15 分钟后，一名 35 岁左右的男子驾着一辆面包车到达现场，向现场警员表示，自己就是肇事司机。事后证实，此人是英皇公司的司机，负责接送英皇旗下的各艺员以及其他出车任务，名叫成国定。现场处理的警员刘志伟例行询问成国定，得到成国定是肇事司机的肯定回答后，落案将成国定带回警署协助调查。

事故发生后，记者们忙于采访谢霆锋，但并未找到他本人。他通过自己的经纪人向外公布，他近日正忙于为广播剧录音，因剧情需要一段汽车引擎声，所以他在法拉利车内安装录音系统，因此不小心将汽车弄得很伤，于是吩咐司机送去修理。至于为什么要选择清晨时分修车，经纪人解释说：“因为车行有好多车等修理，加上不想事情宣扬，所以早早赶去。”

记者显然对这一说法不十分满意，尤其是事故发生后，为什么“人去车空”，而十几分钟后，司机又意外出现，这确实需要解释。经纪人说，当时司机驾驶自己的车去见谢霆锋，然后再拖法拉利去修理，岂知中途发现忘了带钱包，随即又返回谢霆锋家，而途中发生意外。因为身上什么都没有，所以他才会不顾而去，拿了钱包才再返回现场。

两天之后，香港媒体载文称，有人发现谢霆锋和张柏芝双双出现在曼谷街头，而且是手牵着手逛街。时间则是车祸发生当天，十几个小时之后。

差不多就在同时，两人携手游曼谷的照片，被人送上了互联网。

由于事件的进一步发展，这一亮相事件，又被怀疑是刻意安排的“不在现场证明”。

有媒体采访当日事故现场的目击证人时得到消息，称出事当时，驾车者并非成国定，而是谢霆锋本人，事发后，尾随在后的一辆奔驰车将谢霆锋接走，媒体怀疑接走他的是张柏芝。媒体进行更深入的调查之后得知，当晚谢霆锋和张柏芝原是在一起消遣娱乐，直到凌晨才分别乘车离开。其时谢霆锋驾车在前，张柏芝的车紧跟其后，不料发生车祸，谢霆锋迅速登上张柏芝的奔驰车离开。

对于此说，谢霆锋的发言人予以否认，其后发生他出现在曼谷的消息，似乎证明当时谢霆锋确实不在现场。

★ 举报开始，廉署介入

但香港市民并不接受谢霆锋及其经纪公司的说法，他们认为这起车祸背后肯定另有文章。对维护司法公正颇有责任心的香港人，立即向廉政公署检举。由于保密原则，廉署方面从不会透露检举人的相关资料，因此，检举人到现在依然是个谜。

事件只不过是普通的车祸，难道廉署连这也要介入吗？是不是管得太宽了？

的确，如果仅仅只是一起车祸，廉署是管不着的。但检举人称，车祸发生时，驾车人便是谢霆锋，但车祸发生后，谢霆锋却神秘消失了，随后出来的那个名叫成国定的司机，是替他背黑锅的，实际上，成姓司机和车祸没有半点关系。

即使如此，廉署还是插不上手，这只是警务部门处理范围的事。

不过，廉署在这检举信的下面打了个问号。如果检举属实，那么警务部门何以会认定当时驾车的是成国定而不是谢霆锋？难道说，谢霆锋和警务人员达成了默契，有人收受了谢霆锋的贿赂才默认了成国定？如果是这样，那就是廉署应该出手的时候了。

香港媒体报道称，此案背后有一名警务人员和廉署配合，提供了大量的证据。只不过，这名警务人员既不愿出庭作证也不愿暴露姓名。

因为有警员配合，廉署很快摸清了一些事实真相。原来，事发当晚，第一批到场的几名警员后来都因为别的事撤出了，真正处理车祸案的并非首批到达现场的警员。后来处理结果出来，所有第一批到场的警员都感到意外：驾车司机怎么成了成国定？

廉署找到了成国定，他立即感到事情复杂了。

如果仅仅是车祸案，顶一顶没事，最多也就是扣分，或者罚钱；然而，事情的演变出现了他所难以接受的走向。他涉嫌冒名顶替，这已经是刑事罪，再加上贿赂警员以影响事件得到公正处理，又是妨碍司法公正罪了，两罪相加，他会被判处好几年徒刑。

这些后果让成国定不寒而栗，他决定要和廉署配合。据成国定向廉署说，当天他下班后直接从公司回家，然后就上床睡觉了，到了下半夜才被电话叫醒。电话是谢霆锋打给他的，告知出车祸的事，希望他帮忙处理一下。他当即对谢霆锋说："你离开那里，别的事，我来处理。"

从他家赶到现场还有一段距离，他只好先去附近的停车场，将公司接送职员上下班的箱型车开出来，迅速赶到现场，这就是他比警员晚到十几分钟的原因。

事情急转直下。2002 年 4 月 12 日凌晨，香港廉政公署发起了一次行动，以涉嫌上月红棉路上交通意外"顶包案"将谢霆锋拘捕，张柏芝也被带走协助调查。

★ 开庭审理

2002 年 9 月，"顶包案"正式开审。

虽然成国定所提供的证词对谢霆锋以及现场警员极其不利。但是庭审第一日，其他证人提供的证词对谢霆锋却是有利的，如此一来，整个案情出现了对谢霆锋有利的曙光：因为成国定表示，当初谢霆锋打电话给他后，他曾和谢霆锋的私人助理周柱辉联络；其后他前往谢宅取得车主证明文件时，亦由周柱辉代劳；因此周柱辉答应廉署成为污点证人。

周柱辉成为污点证人，看上去，更像是一次"合理冲撞"，辩方有效地运用了法律所赋予的权利，也充分地利用了谢霆锋和周柱辉之间的感情。最终，周柱辉出庭作证时，提供的所有证词，均对谢霆锋有利。对此，廉署显然极其无奈，他们事前也不十分相信周柱辉，可除了他之外，又找不到更好的证人和证据。

周柱辉极力称道谢霆锋性格中的另一面，他表示谢霆锋滴酒不沾，不傲慢、友善、关心他人，他之所以做出种种令人无法理解的行为，完全是媒体渲染报道他的感情生活而烦恼所致。至于这次车祸发生时，他承认，当日确实接到成国定的电话，却并没有说明具体内容，更没有提过行贿警员以及串供的事。

成国定对周柱辉说，因为事件中没有人受伤，为了免于此事对谢霆锋造成不利影响，所以向警方自认是肇事司机。周柱辉表示他确实知道这件事，当时也不觉得这是一件很严重的事，更不清楚此事其实警员早已清楚，并且和成国定串谋。至于 4 月 5 日，成国定前往谢宅要求签字一事，周柱辉表示，当天，谢霆锋因为心情不好，又刚好从台湾买了一款最新推出的游戏，所以沉迷其中，是否完全了解成国定的意图，自己并不十分清楚，他只是作为助手奉命行事。因为他确实不清楚成国定是否和谢霆锋商讨过与“顶包案”相关的事或者谢霆锋是否清楚“顶包案”的相关细节。所以，他不能为自己不清楚的内情提供证词。

此案中最为关键的人物成国定，因为承认控方所指的罪项，并愿意出任此案的污点证人，为法院量刑时获得不少同情分。但是，有关他“顶包”一案，此前已经审理完毕，法庭仍然裁定其罪名成立，因有立功表现，刑期酌轻定为四个月。受辩方要求法庭同意，成国定被从狱中提出，作为重要证人出庭作证。

成国定出庭作证时，情形有些微妙，谢霆锋所请的律师清洪是香港一位极其有名的律师，既熟悉法律又善于应辩，以善于抓住对方的弱点和遗漏而大举反击闻名，往往能够在很短的时间内，打乱对方的阵脚，使得对方的思维出现混乱。果然，他开始询问成国定的时候，仅仅几个回合，成国定就有些前言不搭后语了，供词出现了前后不一。清洪抓住了这一类问题，一再追问。尽管如此，但在几个关键事实上，成国定始终都未曾改口，如车祸发生时，谢霆锋给他打电话，他表示一切由自己来处理，随后，他赶去现场同警员交涉。前往警署落案后，他又曾给谢霆锋打电话，谢霆锋在电话中明确表示，有警察帮忙就会没事，一切他都清楚。而在 4 月 5 日，成国定去谢霆锋家找他拿支票，也是事实。至于谢霆锋是否明白这些钱的用途，他语焉不详。

在反复盘问中，成国定曾出现过改口情形，有几处他说自己“说错了”，或者说“记错了”。辩方律师抓住此点，在结案陈词中称，因为当晚成国定仅仅只睡了三四个小时，思维未必清醒，突然接到撞车消息后，又冒着大雨赶到现场，因此，辩方质疑，他是否能够很准确全面地记清当时的一些情况。

10 月 2 日，庭审结束，法院认定，谢霆锋串谋妨碍司法公正罪名成立，法庭随即宣布对谢霆锋收监，等候最后宣判。于是，谢霆锋被送往香港壁屋惩教所关押，开始了他这一生中第一次的坐监日子。

★ 判决结果

10 月 16 日，法庭正式宣布判决结果，谢霆锋被判 14 天监禁，并强制进行社会服务 240 小时。

经过艰难的监狱生活之后，对于传媒和公众来说，谢霆锋终究是有了“前科”。此次负面事件后，谢霆锋不得不暂时告别叱咤风云的歌坛，离开公众的视线。此次事件是他在歌坛、演艺事业甚至人生中的一个转折点，年少轻狂的他选择暂别娱乐圈也是为了进一步反思和为以后的人生进行规划。

金无足赤，人无完人。即使你是“天王巨星”，只要妨碍了司法公正，香港市民不会放过你，廉政公署不会饶恕你。无论怎样，这件事已经成为过眼云烟。谢霆锋也为他做过的事买了单，吸取了教训，法律的效用已经发挥了，警示的效果已经达到了。

第七章　防止贪污运作

三类服务对象：政府部门、公共机构、私营机构

防止贪污处的主要职责就是运用自己的专业知识与经验，帮助政府部门和私营机构建立防止贪污的措施和机制。例如财产申报制度、操守审查制度、政府采购制度、利益申报机制、财务管理制度等，这是从制度上未雨绸缪，堵塞漏洞，实现“同步防贪”。

因此，防止贪污工作共分为三类服务对象：政府部门、公共机构、私营机构。

前两类服务对象很好理解，我们这里主要谈一谈私营机构。廉署经常会向私营机构包括上市公司和大型企业提供保密咨询服务，协助他们通过系统管控铲除贪污并自行作出程序检讨。廉署的服务不仅受本地公司欢迎，也受到外国公司的追捧。

在启动上，对于政府部门和公共机构，廉署防贪处必须设法纠正可能引致贪污行为的工作方法或程序；但对私营机构，则只能应他们的要求，给予协助和指导。

廉署对私营机构的介入是应运而生的。本来香港特区法律并没有赋

予廉署人员主动审查私营机构业务流程的权力。20 世纪七八十年代，由于私营机构对防贪的概念还没有很深的认识，因此廉署在 1985 年设立了“私营机构顾问组”，并开通热线电话，向私营企业推广免费的“有求必应”的防贪服务。后来，私营企业已经认识到防贪对公司管理的重要，乐意成为廉署的“防贪伙伴”。近年来，防贪处平均每年要向私人公司提供 300 多项防贪服务。防贪处与私营机构最有效的合作策略是“行业预防”，因为业界人士一定对行业的具体运作最为了解，防贪处协助他们建立适用于整个行业的内部防贪系统，与他们合作编制《防贪锦囊》，涉及的领域包括香港的饮食、酒店、金融、房地产、中小企业、慈善团体、楼宇管理、学校等。另外，防贪处还鼓励企业使用电脑进行管理，因为电脑专家可以防止篡改电脑记录，电脑不会与贪腐分子“同流合污”。

专责政府部门和公共机构的制度与程序审查

防贪处深信“预防胜于治疗”，该部门专责审查政府部门和公共机构的政策、工作制度、工作惯例及程序，目的是在可能和需要的地方根除或简化会导致贪污的法律、重叠的程序、含混不清的条例以及毫无效率的工作习惯。整个审查工作包括：审查步骤、审查内容、审查方法和监察。

★ 审查步骤

审查步骤分五个阶段进行。

第一阶段：选定审查课题。在审查之前，防止贪污处要采用多种途径来选定哪些制度和程序需要进行研究，这些途径如下：

一是从执行处调查检控的案件中，找出易于贪污的进行研究；二是继续承接以前曾进行的研究；三是委托机构（指要求接受审查的单位）提出自己需要审查的地方；四是经常注视各种缺席和程序可能发生的变更，例如定期检查立法草案，找出执行起来会引致贪污机会的法规。

第二阶段：审查工作进行之初，防贪处首先要与委托机构的处长级人员磋商，然后委派审查人员起草审查提纲，界定研究范围、要求、方法、进程表以及报告草稿的完成日期等。审查提纲须经由防贪处高级管理阶层人员审核，并由审查人员定期向上司报告工作进度。

第三阶段：审查工作开展后，审查人员开始搜集可作背景研究的文件、工作程序分析报告、讨论记录以及与研究项目有关的人员所提出的意见，然后是分析搜集所得的资料，以便剔除出可能引致贪污的弊端。

第四阶段：分析结果及防贪处建议的审查报告完成后，防贪处必须就报告内容与委托机构商讨。首先，该处在不妨碍政府或公共机构执行职责的情形下，才能提出更改不良惯例与程序等的建议。其次，虽然该处审查人员经验丰富和足智多谋，通常能觉察显而易见的漏洞，长年累月依循某一制度工作的人，则可能习以为常，忽略了潜伏的危机。但是谈到对某种工作的认识，审查人员也许不如实际从事工作的人那么彻底。在这个阶段里，由于委托机构对问题谙熟，往往能够把一些误解加以澄清，或做出修改建议。

第五阶段：将审查报告送交防止贪污处咨询委员会审阅。该咨询委员会成员来自多种行业，均具有丰富的专业知识及广博的阅历，他们除了就每份审查报告提供意见外，更会凭经验再提出宝贵的建议。审查报告由咨询委员会批签后，才正式送交委托机构执行。

★ 审查内容

审查内容如前所述，是政府部门和公共机构的工作制度及程序。此外，防贪处还负责鉴定哪些部门超越决定权或不按规定行使决定权，哪些部门监督制度薄弱以及不能执行规章制度。但是从审查内容的具体表现形式来说，已达到事无大小均审查，从审查金额数以亿计的官地买卖，到庙宇内香油捐款箱中失去了一分钱，等等，无一不在防贪审查工作范围之列。

防止贪污处不仅研究已知的贪污机会，还研究未知的贪污机会。例如有一次，审查人员要研究如何才可成为某专业协会的会员，据说其会员很少被撤销资格，除非犯了刑事罪行。审查工作进行中，审查人员发现摆在一个角落里的文件柜底，藏着一盒布满尘埃的登记卡，便问这是什么，有人回答说："那是死了的会员的卡片。"

"为何不除去记录?"

"因为他们根本没有行差踏错。"

从这件事中，审查人员认为可能会有人把已故的专业人士的身份卖给欲走后门入会的人。为此，他们建议要及时除去已故会员的名单，防止出现贪污漏洞。

★ 审查方法

要堵塞贪污漏洞，审查的方法是不容忽视的。防止贪污处在审查方法上，主要抓住两点：深入调查，科学分析。

深入调查：防贪处的工作人员，为了寻找贪污漏洞，探求堵塞漏洞的措施，对于每一项任务都要经过反复深入的调查研究，特别要对工作拖拉和效率低的部门以及人们普遍认为可能存在贪污的部门进行调查。他们经常出入于难以想象的地方，从事烦琐艰苦的调查取证工作。

科学分析：防贪处经过长期的摸索，形成了一套分析贪污漏洞或机会的科学方法，他们把贪污机会分解为以下三个"因素群"——应如何工作、工作运作的实际情况、如何管理工作。

① 如何工作

这个"因素群"可分为四点：政策、法规、指示（常规指令及部门规则）、正式程序。

一是政策。人们通常都依照若干既定政策去办事，但这并不是万全的。可能有一部分工作是无既定政策依从的，就算已有现存的政策，也可能没有人依从它去办事，它也可能不合时宜或有亏缺之处。防贪处在审查制度或程序时，往往会提出这类问题寻求答案。不良的政策至少会引起混乱，假如没有政策，办事人就无所适从，会导致各阶层人员各自为政，甚至以贪污为目标。

二是法规。法规是用以规范人们的行动和行为的，最理想的当然是人人自律，但从防止贪污观点的实际情况来看，并不是人人守法。另外，法规是否反映现行政策？或反过来说，现行的政策是否可以弥补法规上的不足之处？这些都会导致贪污。

三是指示。指示可以分解为常规指令或部门的规例，管理人员有时需要用一些特别的指示去补充或解释政策以及工作程序，以便职员去遵守。指示不足会使职员拥有过分的自决权力，助长贪污犯罪；但反过来说，过分的指示又会阻碍自觉行动和个性的发展，因而又会导致其他问题，如拖延等，所以指示要根据具体情况来发出。

四是正式程序。正式程序是指整个运作过程中都必须依从政策、法规以及清晰的指示而实施。但人们的工作习惯未必能够符合由管理层订立的程序，因此，防贪处人员在审查中都细心地检查程序，以确保它不陈旧、过分或累赘。不必要的程序会引起阻碍、低效能及拖延问题，最后会导致贪污。

② 工作运作的实际情况

工作运作完美是审查的理想分析，但工作运作的实际情况如何，就有一定的偏差。防贪处在实际的审查工作中，注重审慎研究下列 4 点。

一是工作习惯。在审查工作程序时，把工作习惯合并思考。职员的工作习惯，其上司及更高级的管理人员是否知道？这些工作习惯是否已获批准？是如何批准的？上司如何及在何时审查这些工作习惯？这些工作习惯是如何形成的？有时可能由于资源不足，例如人手不够或工具不合适，会引致一项工作变为不切实际，最后导致更不良的工作习惯。

二是自决权。当制订一项法规时，制定者通常都给予管理者一些自决的权力，即授予管理者处置工作的决定权，也就是我们常说的自由裁量权。常规指令及部门规例是用来指导职员如何运用自决权力的，在审查中，要注意的是自决权是否被正常和恰当地运用。在各级职员运用自决权的时候，管理层应注意监管，并且把各种自决权的运用过程完整地记录下来。但是也有可能有些自决权从不加以运用，原因多数是由于有些职员恐怕被指控贪污。当这种情形发生时，无可避免地会有人行贿以免受拖延。

三是拖延。不管原因如何，拖延总会制造贪污行为的机会。在某种情况下，拖延是无可避免的，例如工作量突然大增或者某一制度需要适当的授权或监察。但无论如何，拖延都是由于不良的工作程序、监督不足、员工怠慢或不负责任而引起。在进行防止贪污审查时，审查人员一般都注意正常的工作时间比率，研究如何处理例外情况以及看监督和宣传是否足够。

四是资料的保密。处理和传递资料是防止贪污工作中的一个重点工作。防贪处在审查工作中，从不同角度去研究资料的形式、内容、来源及传递面加以分类。注意审检资料保密的标准是否恰当，保密工作如何执行，资料是否在不必要的情况下过分公开，或者需要公开时又过分保密了？

③ 如何管理工作

管理者如何进行管理？反贪处的审查人员往往抓住三个要点：

一是监督。在任何有效地防止贪污审查工作中，监督都是一项重要的课题，同时与自决权有密切关系。

审查人员在分析中发现，有些管理层只依赖统计数字和以一些报告作为资料来源，导致出现贪污机会。了解现场工作实况、决策的运作及上司亲自与各阶层人员接触，知道工作详情，才能有效监督工作。用一些时间去监督现场工作情况，更胜于只顾阅读报告或只与下级管理人员会谈。

二是公开。使市民知道本身应有的权利和有关职员的权限，以及办事的制度、程序，并使之公开化，这也是一种有效的监督形式。如果市民不知道自己有何权利，或不肯定自己有何权利，往往就会被办事人员代作决定。这样，较低层的职员就会被视为极有权力。在这种不透明的情况下，有些职员就会滥用权力而损害市民的利益。相反，公开办事制度、程序及其结果有助于防止贪污。

三是责任承担。当贪污舞弊行为出现时，通常都会诉诸检控及纪律行动。但就防止贪污立场而言，防贪处首先要分析有关机构是否有责任承担制度。“责任承担”的制度是指高级职员必须彻底明了下属的工作，并对他们的行动和过失负责，特别是当这种错误反复出现，情况严重而又广泛，而该高级职员在履行职责和进行监督时是应该知情的。也就是说，由基层到最高层方面，必须具有有效的联系；在职责方面要有清楚的分工，使人们能知道自己的任务和责任，从而使各个层次的管理者能各负其责，层层监督。这种“责任承担”的作用在于可以准确地找出问题的所在，以避免问题加剧，并且可以有效及时堵塞漏洞。在“责任承担”制度之下，工作人员必须对他们所监督的事务和疏漏负责。对于消除行贿和贪污机会，这种制度就是有效的工具。

通过深入调查和科学分析这两类工作方法找出了贪污漏洞，防贪人员就会提出一些建议以减少或者消除贪污漏洞。这些建议包括：改善监督的功效，修改一些不合时宜或不能施行的法规，制定一些可行的政策以确保职员会遵守该政策。比如有一次，审查人员研究屋宇地政署挑选的专门负责房屋保卫工作的护卫服务公司时，发现由于这类公司竞争激烈，政府只需付出异常低廉的费用，结果护卫公司往往为降低成本而不严格履行合约所订的条件，以致贪污舞弊行为有滋生的机会。为此，审查人员建议改善合约所订的条件，以及系统地监察和评价护卫公司的工作表现。

★ 监察

提出堵塞贪污漏洞的建议，并不表示漏洞已经填补，防贪处人员还要按时检讨或监察每一项已完成的审查工作，以便检查他们所提出的建议是否付诸实行，功效如何。这些检讨或监察工作也可以使他们及时掌握委托机构在政策上和工作程序上的改变，或许也要修正和完善先前的建议，引进新的防贪措施。从这个角度来说，检讨或监察是审查工作的延续。

拓宽防贪范围，提供防贪顾问咨询服务

防止贪污处通过顾问咨询服务，负责向私人机构、公共机构和政府部门提供有关防止贪污措施的意见。此举一方面可以拓宽防贪工作的范围，另一方面也可以满足不同机构、不同层次的人员对防贪工作的咨询要求。

对政府部门和公共机构的顾问咨询，主要采取 3 种形式：

一是由政府作出规定，要求行政局撰文建议修订政策或法规时，必先征求防止贪污处的意见，以便尽早找出防止贪污的方法。

二是政府部门和公共机构直接向防止贪污处咨询有关防贪的问题和意见。

三是防止贪污处定时为政府各部门工作人员举办以防贪为主题的研讨会，向他们灌输防贪观念，提高对反贪的认识。与此同时，防贪处还向政府工作人员提供有关的管理技巧训练。

对私营机构的顾问咨询服务，也是防贪处工作的重点。防贪处要应私营机构的要求，才能就防止贪污和诈骗措施，免费提供意见，并将内容保密。在提供防贪服务的过程中，有关廉署人员假若发现当中可能有利益冲突，例如本人持有有关公司的股票或有财务关系时，必须及时申报，甚至向上级提出回避处理有关公司的防贪服务要求。

廉洁香港，绝不容商业贿赂——廉署肃廉之“谢瑞麟案”

廉署对私营机构腐败现象也严重打击，其代表之一便是珠宝商“谢瑞麟案”了。

说起谢瑞麟珠宝，大家想必不会陌生，这是一家较早开拓内地市场

的香港珠宝店，一直在内地做得相当成功，企业的形象也不错。

但这一切，在 2008 年 5 月险些毁于一旦。

2008 年 5 月 9 日上午，72 岁的“珠宝大王”、香港谢瑞麟珠宝（国际）有限公司前主席谢瑞麟，神色黯然地步入香港湾仔区域法院，落座于被告席上。此时，被告席上还坐着 4 个人，分别为谢瑞麟珠宝公司主席、谢瑞麟次子 40 岁的谢达峰，公司前副主席兼财务董事钟婉玲，前副主席兼行政总裁温彼德，以及业务推广经理王庭芳。这一天，香港湾仔区域法院就 4 月 24 日对包括谢瑞麟父子在内的上述 5 名公司高管，已被法院认定的串谋行贿、串谋伪造账目和串谋诈骗等多项罪名，进行最后的宣判。

法庭内气氛严肃而紧张，座无虚席，谢家亲友也有不少到场。

区域法院法官鲍理贤宣读了判决书，宣判如下：自 1996 年至 2005 年间，因连续 10 年向旅行社和导游等提供共计 1.7 亿港元的非法回扣，以引导游客光顾其公司生意，并涉嫌盗取公司公款 338 万港元及伪造账目，谢氏父子在内的 5 名被告犯有串谋行贿、串谋伪造账目和串谋诈骗等多项罪名。因而判处谢瑞麟有期徒刑 3 年 3 个月；谢达峰有期徒刑 5 年；其余 3 名被告分别被判 3 年 9 个月至 4 年 3 个月刑期不等。

此判决一出，成为内地和香港媒体持续关注的焦点。

★ 案情回放

① 廉署“明珠行动”

“谢瑞麟案”案发于 2005 年 4 月。香港廉政公署接获有关投诉，于当年 4 月 19 日实施了代号为“明珠”的拘捕行动。香港著名珠宝商谢瑞麟及其儿子等公司高级主管共 11 人，因涉嫌向多家旅行社的雇员提供非法回扣，并协助旅行社逃税以及挪用巨额公司资金等，在这次拘捕行动中落网。然而，两天之后，谢氏父子又获保释。但此前，香港联交所对“谢瑞麟珠宝”实施了停牌。

② 串谋诈取利润

早在1996年，谢瑞麟珠宝公司先指令一名高层辞职，然后到马来西亚开设空壳公司，名义上为谢瑞麟珠宝作海外推广，并收取每日营业额的4%作为服务费，但实际上将这笔款项秘密回流香港，用以支付回扣。

其后，谢瑞麟珠宝公司又在不同国家和地区故伎重施。自1996年至2005年9年间，由各名被告操控的海外空壳公司共达10家之多。

谢瑞麟珠宝公司早在1987年就成为上市公司，鉴于转账至海外公司的金额庞大，容易引起独立审计师的质疑，上述公司高层还曾虚增各珠宝行店铺推广经理的佣金，而实际上是将虚增金额经特别渠道，向旅行社职员支付回扣。由于支付非法回扣时均以现金支付，且没有单据，因此旅行社及有关职员均能逃税。

此外，2002年，谢瑞麟通过第五被告王庭芳，向公司表示有财政困难，于是由儿子及钟婉玲等人假借发花红名义，从公司获得公款60万元。同年谢达峰故伎重施，分别挪用88万元及属于一名退休职员的200万花红。其间，父子二人共计挪用约338万港元。

③ 特赦证人“反水”

2006年1月，香港廉政公署对谢瑞麟父子和另3名公司高管进行起诉，并于香港东区裁判法院提堂开审。

2007年8月，此案在湾仔区域法院审理。审讯期间，全部被告均获保释，但不得离港，此后陆续进行的聆讯共计99天。经过漫漫9个月的时间，多名谢瑞麟公司前高层成员获准转为廉政公署的“特赦证人”，力证谢氏父子是非法回扣计划的幕后主导，从而成为此案定罪的关键。

2008年4月24日，经湾仔区域法院判决，包括谢瑞麟父子在内的5名被告被控14项罪名全部成立。其中谢瑞麟涉及串谋行贿、串谋伪造账目和串谋偷窃三项，谢达峰则涉及串谋行贿、串谋伪造账目和串谋偷窃等八项罪名，5人被即时收监。

★ 反思商业贿赂之害

谢氏父子被请到香港廉署“喝咖啡”，涉嫌的罪名就是商业贿赂。“给回扣”在一些地区已成潜规则，人们也心照不宣，但在香港特区却是重罪。因为香港特区是个廉洁的地区，商业贿赂就是坏了市场规矩，进行不正当竞争，自然是重罪。

事实上，在强调公平竞争的商业社会中，商业贿赂对市场秩序的危害巨大，对公众的利益也是有巨大危害的。在旅游市场，回扣就是把众多风景宜人的观光之旅变成了购物之旅；在医药市场，回扣就是把救死扶伤的医患关系变成了赤裸裸的“直销”关系；在家装市场，回扣就是把美好生活的规划者——设计师异化为不良建筑材料的兜售者……这样的市场关系，消费者的利益还谈何保障？

除了权力寻租之外，商业贿赂对社会的腐蚀性也不可低估。随着市场经济的进一步发展，建立公平的市场竞争秩序便愈显重要和急迫，在这个时候，在法律框架之下约束每个人的经济行为就愈显重要。而界定清楚合理回报和商业贿赂之间的区别，则是每个商业人士的必修课程。

第八章　社区关系运作

致力于全民防贪，重视防贪环境建设

当世界各国政府和地区都在从各种角度解析香港特区的反贪秘密时，一位前廉政专员给出了最简单的答案，他说，秘密在于全民防贪。

是的，重视防贪环境建设，号召全民防贪，这是廉政公署从设立伊始到现在一直信守的反贪理念。

★ 全民参与

廉署在初创时期的1974年到1977年，短短3年时间里就查办了260名贪污警员，可以说相当有成效。很多人都认为简直是如有神助。就香港的经验来看，廉署反腐收效之所以如此显著，一大原因是全社会积极参与。

社会参与在很大程度上反映了公众对廉署的信心、支持和信任。廉署在成立的第一年，就收到了3000多份举报。过去港英政府也不断鼓励公众举报，但在廉署成立之前，举报的情况一直不容乐观。到了廉署成立之后，举报的数量大大增加，特别是在大量举报信函当中，差不多有三分之二都是实名举报。也就是说，民众对廉署的信任达到了很高的程度，不在乎透露个人的姓名、身份等信息，这在很大程度上促进了廉署对案件的侦破。目前实名举报的比例占到了八成左右。

★ 防贪环境

腐败是恶之花，自有其滋生、繁茂的土壤，要想根除腐败，必须从源头上解决问题，从社会环境上下功夫，不给腐败提供萌芽、生长的机会。因此，廉署雷厉风行肃贪的另一面，是和风细雨般营造廉洁文化。比起重拳反贪，廉署真正希望做的是通过预防和教育，在社会中培养一种市民根本不愿意去行贿、受贿的诚信意识。

正是在以上两种理念的基础上，有了社区关系处的成立。他们致力于宣传肃贪倡廉的信息，加强与社会的密切联系，培养公民高度的道德标准和社会责任感，通过多种方式坚持不懈地引导市民认识贪污危害，齐心协力支持肃贪倡廉工作，促进肃贪倡廉工作的持续开展。

多渠道广泛宣传，使肃贪倡廉的意识深入人心

为保证反贪倡廉信息能广泛迅速地传到社会中去，社区关系处通过大宗传播媒介进行宣传，经常提醒市民注意贪污事件，让市民了解贪污问题的详细情况及其对社会各方面所造成的损害，使市民知道廉署在打击贪污方面所采取的行动，以增强市民对打击贪污的信心和信念。表面看来，这项工作并不困难，但施行起来却很考验智慧。例如向公共屋村主妇、在学儿童及商行主管等不同文化程度和背景的人宣传肃贪倡廉信息，就必须灵活地运用各种传播媒介，以及通过该处多名受过高度训练的职员的努力，才能推行如此艰巨复杂的任务。而且只有凭着平易近人、正直和真诚的态度，方能赢得市民的信赖。

在香港特区，大众传播媒介主要指报刊、电台及电视，这些传播媒介较之其他宣传手段具有信息传播快、涉及范围广的特点。

为了有效地运用这些大众传播媒介来宣传肃贪倡廉信息，社区关系处采用了新闻、广告及剧集等有效方式。

★ 新闻

为加强与新闻界的紧密联系，社区关系处每天把廉政公署的新闻和法庭处理的廉署案件消息发布给新闻界，经常通过电台及电视节目，宣传廉署为推广社会教育、防止贪污而筹办的活动；有计划地安排香港或海外新闻从业人员访问廉署，同时设有电话咨询服务，为传播界从业人员提供廉署的资料；对于通过电台的电话咨询节目及报道来函所接获的咨询或意见，尽可能地立即回复；每周还印发“廉署案件排期表”，使记者和有关人士获悉未来两周内提审的案件资料，并编译“每日报章摘要”及“国际贪污事件月报”，分别注视报章对廉署活动的报道和评论，以及报道香港特区和海外的贪污案件及其处理情况。

社区关系处正是通过报刊、电台和电视台，广泛报道有关公职人员滥用职权和私营机构人员违法行为的消息。这些新闻除了直接向外界报道消息外，更间接地树立了廉署的高效率、不偏私的形象，使大众感受到廉署决心揭穿一切舞弊行为的坚定信念。同时，报道疑犯被捕、犯人定罪的消息，也可使处于贪污边缘的人悬崖勒马，不敢以身试法。

★ 广告

廉政内容上广告是香港特区一大特色。广告具有传播资讯直接、受众面广等特点，廉署正是看中这一点，从 1975 年起推出第一个廉政广告《小贩》后，至今已制作了近百个电视广告，当中有不少宣传口号现在仍脍炙人口。有调查数字显示，有约七成的被访者表示曾经看过廉署的电视广告。为了扩大宣传效果，近年来的廉政广告大多配有录音版本，可交给电台播放。此外，廉署还印制了相关海报，派发给政府部门、私营机构、学校、公交系统去张贴。

制作廉政广告的目的是向市民宣扬贪污之害、清廉之益。这些广告主题大致分为三类：教育市民贪污的祸害及鼓励举报；通过阻吓性手法，突出贪污为高风险罪行，一旦犯罪，后果堪虞；维护廉洁社会及公平的经商环境，培养廉洁下一代。

① 鼓励人人检举腐败

廉署成立以前，香港市民饱受贪污之苦，但又敢怒不敢言。很多违法经营的小贩，常常沦为贪污警员、其他公务员或犯罪集团的勒索对象。廉署的首个廉政广告《小贩》，就是描写一名小贩无法忍受每日被人敲诈金钱，心有不甘地想："我天昏地暗地拼命干活，你还在挣我的血汗钱，我要去廉署告发你。"最后她终于鼓起勇气，走进廉政公署地区办事处的大门，举报贪污行径。

这类广告引起了不少市民的共鸣，对鼓励市民亲身举报贪污行为十分奏效。

从成立初期的广告口号"挺身而出，举报贪污"到近期的"亲身举报，直接详尽"，香港廉署一直鼓励市民在举报贪污行为时提供个人联络方式，以便调查员可随时介入。

② 阻吓犯罪，警醒世人

谁都明白，贪污行为往往是秘密进行的，因此很多贪官都怀有"天知地知，你知我知"的侥幸，以为可以"瞒天过海"。但廉署却执着地向社会传达这样一种讯息：法网恢恢，疏而不漏，罪行一旦被揭露，后果只有一个，就是接受法律的制裁。

于是，我们看到香港廉署在不同时期制作的广告片意味深长——《探监日》(1983 年)、《纸袋》(1987 年)，细腻地将贪污者在犯法后终日诚惶诚恐、寝食难安的心情暴露无遗。《囚车》(1985 年)、《新衣》(1990 年)，刻画出贪污者面对可能入狱后果的悔恨心情。

这类广告是利用阻吓的手法，让观众认识到贪污带来的耻辱和祸害。在《纸袋》中，广告片的画面上是一名遭蒙头的疑犯，在廉署官员的押解下，沿途被记者争相采访，路人围观，更有其家人的失声哭泣，让市民深切感受到贪污行为所招致的恶果。这则广告是廉署首个在广告创作比赛中获奖的广告。

③ 培养廉洁新一代

反对贪污必须有广大市民的参与和支持，着重培养廉洁新一代，无疑是廉署工作不可或缺的一个重要方面。在 1995 年的一系列广告《黑白不分》《指鹿为马》及《同流合污》中，廉署煞费苦心地告诫市民做人必须分清黑白，明辨是非。2000 年，廉署推出了广告《廉洁新世纪》，通过接力赛跑，要将“合力打击，贪污绝迹”的决心薪火相传。在 2001 年又推出了《合作伙伴》，鼓励市民与廉署成为反贪伙伴，同心同德打击贪污犯罪行为。

好的作品自然能够打动人，优秀的廉政广告也必然会深得民心。廉署的广告都是由廉署官员根据社会情况和反贪策略定下主题，交由广告公司构思创作，其间双方反复推敲，直至确保达到教育市民的预期效果。如此精心制作，难怪赢得掌声一片。廉政广告曾获得不少广告创作大奖，其中包括《黑白不分》《指鹿为马》《同流合污》《贪污游戏》，这些广告的口号均为“香港胜在有 ICAC”，言简意赅地道出了廉署在维护香港社会廉洁公平方面作出的贡献。

★ 剧集

为生动具体地教导市民铲除贪污祸害以及使他们深入认识廉署的工作，社区关系处特别制作了各种类型的电视剧集和电视短片。

实际上，廉署于 1976 年就推出首套反贪电视剧《静默的革命》，以电视剧的形式宣传肃贪倡廉。40 多年来，这些廉政剧集已成为深植于香港市民脑海中、逢出必看的高收视电视剧之一。以《廉政行动 2016》为例，其首播及重播的总收视率达 950 万人次，叫好又叫座，由本地艺人饰演的廉署工作人员形象也得到市民的一致好评。

电视剧集所有的故事都是基于真实案件的再次创作，且必须在该案件的法律程序全部完成（最终判决结束）之后才可以进行拍摄。

廉署监制的廉政剧集每 2 至 3 年拍摄一次，前期工作约需 1 年。廉署的宣传经费并不多，所以不会按照市场价格聘请导演、编剧和演员，香港艺人愿意不计报酬地与廉署一起，为社会宣传正能量，这份心意很难得。

除了独立制作电视节目外，社区关系处还邀请电视台联合制作电视短片，每集大约播映 9 分钟。其作用是提倡正面的道德价值观。其中两部为“丰盛人生”和“金钱以外”，前一部短片集以人物专访的形式，讨论个人与社会道德以及人生价值的问题，后一部则采取劝诱方法，就日常生活情况讨论诚实与正直的重要。

如今的香港特区，被世人冠以“反贪典范之都”，在多项国际性调查中名列亚洲地区“清廉城市”前茅。可以相信，通过廉署的廉政广告以及其他多元化的宣传教育工作，廉洁文化已经在香港牢牢扎根。

建立广泛的社区联络，直接联系基层民众

社区关系处为争取香港各阶层人士对反贪污工作的支持，除了善于运用大众传播媒介之外，还大力推行全面的联络计划，直接联络香港各界和各阶层的市民，包括政府部门、商界、专业人士、学校以及新来港人士和少数族裔等，旨在使廉署和全体市民互相保持密切联系。联络职员一方面向各阶层的市民解释反贪污法例及廉署的反贪工作，另一方面则收集市民对廉政工作的意见和印象，以及对若干贪污问题的态度。通过互相认识，廉政公署才能与市民通力合作，打击贪污。

★ 联络方式

社区关系处在与社会各界人士密切联系的过程中，他们所要传递给联络对象的信息，主要包括以下几方面。

一是资料。告诉市民廉署的工作是怎样的，告诉市民廉署的执行处、防止贪污处、社区关系处向市民提供哪些服务，在哪些地方怎样举报贪污，廉署接获贪污投诉的数字和性质等。

二是解释。详细解释《防止贿赂条例》的精神和条文、贪污的危害、廉署处理举报的态度和程序，使市民对投诉的保密工作有信心。

三是宣传。宣传廉署的良好形象，提高市民对贪污危害的认识，树立廉洁守法的道德标准，鼓励遵守纪律、以服务大众为荣的观念，明确管理层人士在堵塞漏洞中所扮演的角色，并提出各种措施以预防贪污，提高市民的商业道德和社会责任感。

★ 宣教方式因人群而定

在接触不同界别的人士时，廉署往往会根据需要，选择最适合该类人群的宣传及教育方式。

以学生群体为例，廉署联同香港话剧团、中英剧团等演出机构在不同中学内以“廉政互动剧场”的形式，将一个个廉洁小故事搬上舞台，寓教于乐，使学生从生动活泼的剧场故事中，意识到贪腐的恶劣和廉洁的重要。

针对政府部门的公职人员，廉署则会采用相对严肃的工作坊、防贪讲座、培训等形式来宣传廉洁文化。目前廉署已与特区政府公务员事务局合作开发了全方位的网络学习平台和警示短片，教授内容包括利益冲突、公职人员行为失当等。另外由于职级的不同，公职人员面临的贪腐风险也不尽相同，联络职员在宣传教育工作中也考虑到了这一点。

★ 联络“据点”的咨询

社区关系处为了方便与社会的联络，分别在香港的主要地区设立了7个地区办事处和分处，这些机构既是廉署推行肃贪倡廉联络工作的基层据点，又是进行有关贪污咨询和传递举报信息的“窗口”，以西九龙分处为例，该处位于繁忙的弥敦道，服务范围遍及尖沙咀、油麻地及旺角，区内居民达40万。该分处联络人员一项重要的日常工作，就是与行政人员、酒店从业员及店员联络，向他们讲解反贪污法例，尤其是在生意交易中接受利益方面合法与否的问题。

除此之外，西九龙分处和其他分处一样，有经过特别训练的职员负责接受市民的举报的投诉，处理有关贪污的咨询事宜。所有涉及贪污的举报，均转递给执行处进行调查。

前往各分处咨询的市民都会提出很多问题，而通常令他们最关注的就是赋予廉署法律权力的《防止贿赂条例》。市民还常常询问廉署多方面的政策问题，对此，分处的职员都会耐心地予以回答。

加强青少年思想教育，让他们在廉洁的环境中成长

如何教育年轻一代肃贪倡廉，树立良好的生活态度和道德准则，是一项任重道远的任务。为了使新的一代在更加廉洁的环境中成长，社区关系处利用教育体系，创造了一系列的反贪教育方法。

社区关系处制定了专门计划，将反贪教育与中小学的正规及非正规课程结合起来，精心设计和编写了适应不同年龄学生的倡廉教材，制作出相关教学辅助资料，免费提供给学校。这些教材和教学片，从内容到印刷、制作都非常精彩、精致，学生爱看，老师爱用。

“廉政全接触”活动邀请中学校长和老师在校内举办倡廉德育活动，采取讲座、真情对话、展览、午间剧场等形式。这些活动以轻松有趣的手法，一方面加深青少年对反贪工作的认识，反思自己在建设廉洁社会中应肩负的责任，另一方面鼓励他们积极向前。廉政公署邀请知名人士（如运动明星、演艺界明星、成功人士）与学生对话，勉励学生创造积极人生，讨论的话题包括“金钱是否万能”“金钱对于个人生活和社会所发挥的作用”“公平的意义”“何谓成功，何谓快乐”“应否走捷径争取成功”等。

“廉政讲座”由廉政公署职员为学生介绍廉政公署的工作，引用和青少年有关的真实案例讲解何谓贪污贿赂、贪污贿赂的危害和举报的方法。通过播放录像带或录音带，与学生讨论面对贪污诱惑时的道德抉择方法。剧中人物面临道德两难的局面时，工作人员会邀请学生参与其

中，一同抉择，以双向沟通的方式启发学生思考出正确的处理方式，以免坠入贪污陷阱。通过互动集体游戏，如重组廉政公署的宣传口号、演绎个案漫画故事等，让学生认识贪污的危害，归纳得出贪污乃高风险、代价极高、绝对不值得一试的结论。最后，廉政公署职员还会作出简短的总结发言，以加深同学们对肃贪信息的认知。

“廉政知多少”展览因采取展出形式，对学生的认知能力要求较之前两种活动稍低，一般学生均可参加。主要内容是以海报的形式介绍廉政公署的工作。老师于活动期间在校内张贴海报，鼓励学生阅览海报内容并参加与海报内容有关的问答游戏。海报多是通过可爱、卡通的动画形象设计展示廉政公署的有关情况，如廉署成立的时间、历史，廉署“三管齐下”的反贪策略、贪污的危害、廉洁选举、神圣投票、不为利诱等。

“廉政午间剧场”则面向全校学生，播放廉署拍摄的廉政剧集，让学生认识廉政公署，了解廉政公署的工作，并从剧中人物的遭遇中了解贪污的恶果，思考人生应该如何抉择方向。播放完以后老师会鼓励学生参加和剧情有关的问答游戏，于活动结束后从所有答对问题者中抽出 20 名赠送纪念品以示鼓励。

在青少年中推行德育，宣传廉洁风尚的工作收效是很难具体量度的。社区关系处的职员虽然无法立竿见影地衡量工作的效果，但他们深信，今日的青少年便是明日的社会栋梁，如果他们都认识到贪污是不可取的行为，长大以后他们就会成为廉洁守法的好公民，整个社会的风气就会为之改变。

香港商业道德发展中心

香港商业道德发展中心为政府组织，隶属香港廉政公署，其前身是 1995 年 5 月成立的香港道德发展中心。该中心位于香港湾仔轩尼诗道 199－203 号东华大厦一楼。为使中心的工作更加清晰，中心于 2015 年 5 月改名为香港商业道德发展中心。

该中心的使命是：致力与商界建立伙伴关系，携手在香港长远推动商业道德和专业操守，以维持香港公平公正的营商环境。

★ 成立背景

在1995年之前的20年，香港能成为亚洲的主要金融和商业中心，关键在于它拥有一个廉洁高效的营商环境，让所有投资者可以公平竞争。然而，到了20世纪90年代初期，私人机构贪污举报数字却显著上升，1992年是1167宗，1994年是1827宗，引起大家对商界贪污问题的关注。

因此，前港督在1993年10月的施政报告中，指令廉政公署联同各大商会和专业团体举办商业道德活动，宣扬道德标准，以维护香港的商业道德水平。首届活动是第一次在香港举办商业道德会议，会议由六大商会和廉政公署合办，并获100多个工商专业团体赞助。出席会议的300多名商界领袖，一致同意以纪律守则的形式，制定一套有关商业道德的指引，并向香港各上市及大型公司推介采用。与会者亦支持成立道德发展中心，长远向商界和社会各阶层，推广商业及相关道德。

为征询商界对于成立道德发展中心及其所提供的种种服务的意见，廉署于1994年底曾向商界高级行政人员进行了一项意见调查。而六大商会代表组成的香港道德发展咨询委员会亦于1994年12月成立，就中心工作的策划和执行提供指导。

根据廉政公署的介绍，成立香港商业道德发展中心是“廉政公署与商界建立伙伴合作关系的重要里程碑”。中心自成立至2014年底，均由香港六个主要商会委任代表组成香港道德发展咨询委员会，来督导中心的工作。由2015年起，督导工作则由香港十大商会代表组成的商业道德发展咨询委员会负责。

★ 中心服务

香港商业道德发展中心共提供两类服务：

第一类是顾问服务，香港商业道德发展中心提供全面的诚信管理顾问服务。具体包括：

• 商业及专业诚信培训：提供培训课程，以提升员工的道德水准。

• 纪律守则：协助商业机构制订和审视纪律守则，明确员工在履行业务职责上须恪守的诚信及行为标准。

• 系统监控：提供切实可行的建议，堵塞不同工作范畴内常见的贪污漏洞，并提出有效机制，预防舞弊、诈骗和贪污。

• 书刊及资源：针对不同行业及专业编制实务指引及培训教材，从而协助不同界别在日常营运中落实诚信管理。

第二类是资源中心，一系列有关本地及海外反贪法例和研究的书籍和刊物，以及为不同行业及专业制作的培训教材和实务指引，都放于中心的图书馆内。

下　篇
对内地反贪工作的启示

导　读

如今香港特别行政区成为举世闻名的“廉洁之都”，创造了世界廉政建设史上的奇迹，其廉政建设的成效和经验得到了香港市民和国际社会的广泛赞誉，其监督力度之强、范围之广、程度之深、工作之密令人佩服，而其中贯彻的理念和运作的方式更是带给我们很多的启示。

虽然内地的反腐工作也取得了很大进展，但和香港特区相比，一些地方还有差距。“他山之石，可以攻玉”，本篇我们主要研究廉政公署的反贪经验的启示，汲取香港特区先进经验，以期更好地推动内地的反腐工作。

第九章　严密公正的反贪模式

独立的执法部门，直接向香港最高行政长官负责

香港反贪之所以在短时间内取得重大成果，首先得益于廉署在机构和职能设置上的独立性。它的高度权威性和强大威慑力，来源于《廉政公署条例》赋予的独立地位和权力。其独立性和权威性表现在以下几方面。

一是机构独立。《香港特别行政区基本法》第 57 条规定："香港特别行政区设立廉政公署，独立工作，对行政长官负责。"这与廉政公署成立时的架构一脉相承，它当时也是直属港督领导的一个独立反贪机构，廉政专员由港督直接任命，对其负责。

廉署也完全独立于政府其他部门，这样就保障了反贪工作不受外界权力的干涉。

二是人事独立。廉署成员与公务员体系分离，自成独立系统，廉署专员依法自主委聘廉署职员，不受公务员叙用委员会约束。

三是经费独立。廉署经费经香港最高行政长官审批后，从政府每年预算中以独立开支总目形式拨出，避免因财政依附而形成掣肘。

四是办案独立。法律赋予廉署搜查、扣押、拘捕等广泛而强大的调查权力，任何人士如抗拒或妨碍廉署执行职责即属违法，必须承担法律责任。廉政公署前副专员郭文纬说："我们办案件，从来没有收到其他官员吩咐的电话，他们也不敢，因为这也是违法犯罪行为，妨碍司法。"

这四个方面的独立使廉署从体制及运行上切断了与可能形成掣肘的各部门的联系，令反贪肃贪一查到底成为可能，保证了执法的权威。惩贪必须要用重典，重拳出击，才能产生巨大威慑力。廉署打击贪污雷厉风行、不偏不倚、无畏无惧、铁面无私、不遗余力、斩草除根。只要涉嫌贪污，它采取的姿态是"零度容忍"，反贪没有"起刑点"限制，无论数额大小都坚持一查到底，决不纵容。对待贪污案件，只要存在一线希望，廉署都会不惜代价追查到底。

廉署的独立性，也让它能够更好地获取各方面的资源。廉署自成立以来，无论是机构、人员、经费方面都得到了较大的支持。比方说人才这一块，进入廉署工作的都是经过层层选拔的优秀人才，很多都是从海外留学归来，具备优秀的专业素质，能够掌握和利用高科技破案，不少办案人员都有很强的查账能力，提高了执行能力。

在监察体制改革前，我们内地的反腐败机构独立性不够强。现在，监察顶层设计上有了重大革新，我们目前的反腐败机构主要有中国共产党内的纪律检查委员会、国家监察委员会，二者合署办公，这就打破了之前反腐机构呈现条块分割，相对分散的格局，在一定程度上增强了反腐职能的发挥。

总地来看，在反贪机构的设置上，廉政公署的独立、清晰、明朗，还值得我们进一步学习。

法律赋予特权并有法律程序保障，依法反腐

反腐机构有了独立性，还要有法定性，二者兼具，反腐机构才能实现其价值，发挥其功能。

反腐机构的法定性要求指的是反腐斗争必须纳入法治的轨道进行。一方面，廉政公署无论权力来源还是运行机制，均有法律保障，香港特区政府为使廉政公署严厉有效地打击贪污受贿等非法行为，不仅使其独立，还颁布了三部与之配套的特别法例，授予廉署广泛的权力。廉署有权要求涉嫌贪污的公务人员说明合法收入以外的财产来源，对不能作出合理解释的，可交付法庭审判；凡获得廉署专员授权的廉署人员，无须拘捕令即可拘捕涉嫌者；廉署有权直接调查和查封涉案人员的银行账号；调查人员有权进入或搜查任何涉案人的楼寓住宅；在必要时，办案人员可使用武力。此外，廉署还被赋予许多独特超然的职权。这些都极其有利于执行人员调查取证，可避开各种障碍对贪污腐败分子进行出其不意的打击。这些内容在前文“权力来源”一节中已经有了详述。

另一方面，严格依法办事，对于保证程序公正至关重要。如廉署对举报人信息实行严格保密，让市民能够放心举报；受疑人接受问话时，必须要有两个廉署人员到场，问话过程全程录像，并将录像一式三份，一份交由受疑人自己保管，一份由廉署保管，一份呈交法院。

这些细节，都是廉署能够健康运行的因素。廉署之所以能够廉洁高效地办案，重要的一点就是其运行从案件受理到侦破，每一个工作人员都坚持依法办事，公平公正。“打铁还需自身硬”，作为反腐败的主力军，廉署的工作人员自身必须是廉洁标兵。

再看内地的反腐状况，反腐败的机构运行必须在法律的框架下进行。邓小平在 1992 年的南方谈话中就明确提出，在整个改革开放过程中都要反对腐败。习近平总书记在十八届中央纪委二次全会上提出，要加强反腐败国家立法，加强反腐倡廉党内法规制度建设。这也是全国两会上很多代表委员的强烈共识。

但目前我们的反腐败法律体系建设还不够完善，无论从制度建构、执行运作，还是监督体系方面，均不同程度地存有漏洞，不够明晰。突出表现在以下几方面。

第一，反腐立法碎片化突出。近年来，国家先后制定和修改了刑法、刑事诉讼法、公务员法、行政监察法等相关法律，《中华人民共和国监察法》也已出台，从不同的角度对国家公职人员的行为进行了规范，在健全国家惩治和预防腐败体系方面做了很多努力，但总体上反腐法律碎片化、不够系统，将来在案件具体应用上，难免可能有国家政策和法律适用的冲突情况。

第二，可操作性较弱，法律漏洞突出。现行某些规范权力的法律法规，有的只是原则性规定、价值性倡导，缺乏实际操作规定；有的无责任主体、无配套政策、无程序性规定；有的只有禁止性规定和要求，缺乏明确具体的责任追究条款，等等，极大地削弱了法律的内在执行力。如 2017 年新《中华人民共和国刑法》中有关巨额财产来源不明罪的规定，其设立的初衷是为了打击腐败，使那些不能说明其巨额财产来源的腐败分子得以严惩。但在实际操作中，此款法律条文往往被腐败分子得以利用，而有些司法机关由于受到各方面的压力，也可借这一条款的便利掩盖腐败分子的罪行。因为此款罪名的最高刑期为有期徒刑五年以下，跟受贿罪与贪污罪的最高量刑——死刑无法相比，因而，腐败分子可以不主动交代诸如受贿、贪污之类的罪名，以免受到更重的处罚。这样腐败分子得以从轻处罚，就使得法律对腐败行为的打击力度不足。

第三，执法不严，无法“零容忍”。在监察体制改革前，我们的反腐机构设置有“自体监督”的情况，这难免会造成部分反腐机构形同虚设，各自为政，难以形成合力。长期以来，一些地方对违法违规的腐败行为采取宽容态度，以罚代法，以组织处理代替司法追究，甚至对一般性问题常采取“下不为例”的处理方式，客观上诱使一些人在制度规定面前漠然以对，在利益诱惑面前铤而走险，法律和制度执行中的“破窗效应”蔓延。随着国家监察委员会的设立和《中华人民共和国监察法》的施行，这一状况会得到改善，但积习难改，要想根除影响恐怕尚需时日。

总之，依法治腐是反腐败斗争的必然要求，法制建设是遏制腐败的根本途径，法治是反腐败的高级形式，反腐败用“硬约束”的方式比“软约束”的方法更管用，构建制度式的反腐机制依然任重而道远。

“零容忍”，贪一元钱都要法办

香港廉政公署原署长罗范淑芬女士，在谈到内地与香港反贪腐异同时说：“我接触的官员都是比较高层的。从反贪方面讲，大家的目标是一致的。如果说有什么不同，我觉得两地在法规上有点不一样。内地往往会规定一条标准线，比如多少钱以下就不做处理。但香港不同，我们是‘零容忍’，比如贪污，哪怕贪再少的钱，都是错的。”

因此，“零容忍”是香港反腐的一把重器。

★“零容忍”是一种态度，也是一种决心

著名导演王家卫的电影《2046》拍摄的时候，一个娱乐记者为了进入拍摄现场拍照，塞给门卫 300 元，结果被判入狱 3 个月。2009 年，一名来港定居的内地妇女在被分配了一个公屋单位后，写信给房屋署的一名助理文书主任表示感谢。她在信封里夹了一张 100 元的港币，让这名主任“买水果吃”，结果也被判入狱 3 个月。

在廉政公署前审查贪污举报咨询委员会主席施祖祥眼里，“零容忍”是一种态度：“今天你是小，慢慢大的时候你就不觉得大。贪污就是贪污，小也是贪污，大也是贪污。”廉政公署前副专员郭文纬也曾表示，无论是大贪还是小贪，“100 元、10 元，甚至 1 元都要处理”。

时间退回到 40 多年前，这座城市却是另一番模样：建筑公司要向验楼人员行贿才能拿到入伙纸（一份证明物业符合标准的重要文件），饮食店必须向有关部门派钱疏通才能取得经营牌照，着火时要给消防人员“开喉费”才能灭火。

社会活动家杜叶锡恩曾回忆说：“当时，每一个小市民都在受苦。徙置区内每一位店东、街市每一位小贩，都要付黑钱，简直要把他们勒榨至死才肯罢休。”

但是，廉政公署成立后这一境况立即得到改善，廉政公署成立之初

就强调“勿以恶小而为之”，殡仪馆一名职员向死者家人索要几十块的红包，坐牢 5 个星期。

★ 内地“潜规则”遭遇香港“零容忍”

近年来，随着中资公司在港上市数量增多，内地企业在香港特区喝“廉署咖啡”的情况也越来越多。轰动的大案包括欧亚农业前主席杨斌，涉造假账诈骗案被重判 18 年；牵出陈良宇贪腐案的周正毅，曾在 2003 年 5 月以虚报资产被捕判刑 3 年，2007 年再次被捕；创维数码主席黄宏生，涉贪污诈骗及挪用公司资金等。

更多的，则是许多在内地根本算不了什么的“小事”，在香港特区却牵动不小的反腐震荡，甚至引发来港内地民企的信任危机，比如 2007 年的“小肥羊事件”。

2007 年 8 月，廉署网站的新闻公告显示，某火锅店 5 名员工涉嫌收受多名食品供应商提供的钱财及免费享受夜总会娱乐，作为批出购货订单及接受劣质货品的报酬。事后香港媒体曝光该火锅店便是正要在港上市的小肥羊。

仔细看小肥羊的罪名，实际上就是通常所说的采购方收受回扣，这在内地商界是普遍被接受的“潜规则”。在内地，稍有实力关系的企业，区区“回扣”小事不可能触动工商部门，也不在反贪部门管辖之列。但在香港，一方面，独立办案的廉署不仅仅针对政府部门，私营机构也在其管辖范围之内；另一方面，廉政公署办案不同于内地，内地行贿、受贿一定数额才构成刑事犯罪，香港实行的是“零容忍”，不管金额大小，只要是贪污，就要一查到底。

如此严格的“零容忍”让潜规则失去了寄生的空间。内地在港人士在这一点上表现出的不适应，不仅体现在商界，甚至出现在学界。

轰动一时的香港城市大学内地博士生用 1 万港元贿赂老师换取考题事件便是典型。一名武汉籍的女生，因为在老师信箱里塞了 1 万港元和一封希望得到考题的电子邮件，老师向廉署举报，该女生被判监禁 6 个月和1万港元充公，很多我们内地的朋友对于这个案件都表示不可思议。

对于内地群众、商家在香港的种种不适应，香港城市大学法律学院副院长梁美芬曾表示："内地人对贪污的认识比香港人低，两地贪污法例和风气有所不同。"

今昔对比，对贪污的"零容忍"正是香港社会今日健康的基石。45年来，廉署正是凭借"零容忍"的态度，既"打苍蝇"更"打老虎"，处理了无数的大案要案，扳倒了许多位高权重的"老虎"、财大气粗的"硕鼠"，诸如海外信托银行事件、香港联合交易所新股上市贪污案、程介南以权谋私案、律政高官受贿案、谢瑞麟案，等等，调查案件超过7万件。

大案要案固然令人愤怒，身边的小贪腐更让民众不堪其扰。我们常常说，反腐要严，加大力度，我们的严格、力度多用在了大案要案上，殊不知，"千里之堤，毁于蚁穴"，"勿以善小而不为，勿以恶小而为之"，在反腐问题上，无大小之分，小事情本身就意味着大危害。

因此，我们要学习廉政公署对腐败问题"零容忍"的态度，从严反腐，让"潜规则"无处遁形。

香港特区政府纠错机制，以制度之环直击腐败之链

任何制度设计都有风险，但关键在于有没有完善的纠错机制，确保制度在正确安全的轨道上运行。在程序方面，香港特区政府的纠错机制，也是反腐运作上非常值得我们学习的地方。

★ 八大机制监督廉署防止犯错

第一，按照目前廉署的监督与制衡机制，廉署首先要向特首和行政会议负责，提交工作报告。

第二，立法会有权赋予或撤销廉政公署的权力，并要求廉政专员出

席立法会会议，解答有关廉政公署的政策及经费的问题。

第三，在司法领域，廉署展开调查后，检控与否属于律政司司长的权力。调查和检控权分立，可以确保不会单以廉政公署的判断而作检控决定，防止滥权。曾有几次廉署的案子不获律政司批准起诉。

第四，香港特区司法独立可确保廉政公署不会越轨。在司法监督下，廉政公署行使某些权力前，必须事先获得法庭的准许。同时，廉政公署会谨慎研究法官就调查工作所提出的意见或批评，并检讨执法程序，确保权力不被滥用。而香港各级法院均由法官独立判案，他们根据自己对法律的理解、对案情的剖析作出判决，无须受廉署的影响。法官不是由政府任命的，因此法官可以独立判案。多次因廉署非法取得证据等程序问题判被告罪名不成立。

第五，来自传媒的监督，让一切问题暴露在公众眼前，让舆论声讨公权力的不当行使，这就保证了香港廉洁在法治和媒体的监督下。

第六，行政长官委任社会贤达人士，组成四个咨询委员会监察廉政公署各方面的工作，而委员会的主席均非政府官员，杜绝“官官相护”情况。

第七，廉政公署事宜投诉委员会独立运作于廉署，监察及复检所有涉及对廉政公署和廉政公署人员的投诉，任何市民如对廉署人员的行为或廉署的运作程序有任何不满，均可以向委员会投诉。

第八，自廉署成立以来，内部便设有调查及监察单位，名为L组。廉政公署人员如被指称涉及贪污或相关的刑事罪行，L组会进行调查。有关廉政公署人员的所有刑事投诉，不论是否涉及贪污指控，均须知会律政司司长，由他决定应否由廉政公署或其他执法机构调查。廉政公署必须就所有调查结果向律政司司长及审查贪污举报咨询委员会提交报告。

★ 纠错机制拯救廉署形象危机

如果说1977年的警廉大冲突是廉政公署成立以来最大的执行危机，

那么2014年“汤显明案”则是廉政公署遭遇到的最大形象危机。危急时刻，正是港府完善的纠错机制，确保了廉政公署在正确的轨道上运行，帮廉署挽回了全港人民的信心。

★ 事件回放

2013年4月17日，香港特区审计署公布审计报告，揭发廉政公署两次宴会的开支超过一般规定，其中一餐每人开支达1045港元。

按照廉署对于应酬开支的规定，如事先获得批准，人员可获付还开支。除非廉政专员另有批准，否则每人的开支，包括食物、饮品及小费，上限为午餐350港元，晚餐450港元。

审计署揭发的第一餐，是时任廉政专员的汤显明与10名廉署人员宴请13名来宾事件，当时共进晚餐人均费用达431港元，此数虽不超过450港元的上限，但原来该晚有甜品和6瓶餐酒，人均开支92港元，实际人均开支合共523港元，但廉署把晚餐和甜品“分拆”两餐来申报酬酢开销，并以“宣传费用”名目申报餐酒开支。第二餐，廉署以“宣传费用”为名，以人均1045港元的费用宴请110名来宾。

审计署一经曝光，廉署成为众矢之的，身为廉政专员的汤显明瞬间处于风口浪尖。但媒体并未就此罢休。据香港媒体报道，廉署超额宴请的费用并不止于此。廉政公署于2010年11月在湾仔五星级君悦酒店公务宴请，人均消费1100港元，汤显明出席这次宴会，并透露席间有超过20支中外名酒款客，包括茅台及XO，这批名酒是廉署方面自备。廉署承认，这是廉署“一哥”汤显明在任内“自己批准自己”。

★ 香港特区政府、立法会纠错机制运行

廉署作为香港廉洁大门的“守门人”，此刻自己身陷酬酢超标的旋涡，而祸首源自廉署首长廉政专员，这让香港社会震惊不已。

香港特区政府、立法会的纠错机制随即运转，民意不会姑息政府公

职人员浪费公款的行径，即使嫌疑人是廉政公署及其首长。

在审计署审计报告公布一个月后，2013 年 5 月 14 日，因为汤显明被指滥用公款、公款吃喝超标、向宾客赠送超额礼物，引发市民向廉署投诉，香港律政司即时宣布，有足够理据就涉嫌触犯《防止贿赂条例》“公职人员行为不检”罪进行刑事调查，案件将由现任廉政专员直接领导专责调查小组展开。

但纠错的行动并未停止，也是在 5 月，香港特区行政长官梁振英宣布成立廉政公署公务酬酢、馈赠及外访规管制度和程序独立检讨委员会，展开历时 4 个月的调查，公布 63 页报告指出汤显明任内问题。

香港立法会政府账目委员会传召汤显明出席公开聆讯，议员与汤显明现场对质，通过电子传媒向 700 万港人直播，立法会账委会更在最终报告内，“痛斥”廉政公署于上一任廉政专员汤显明在任期间在处理公务酬酢、离港外访及馈赠方面的不足之处及违规情况，指出汤显明难辞其咎，并予以谴责。账委会还特别对汤显明任内，所设或出席的许多公务酬酢均以茅台酒款客或饮用茅台酒，表示“震惊和强烈不满，并认为不可接受”。

★ 案件结局

在收到廉署的调查报告及相关材料后，律政司对案件进行研究，并委托海外御用大律师就应否向汤显明提出检控提供独立法律意见。2015 年 10 月御用大律师向律政司提交最终意见书，认为不论是就“公职人员行为失当”或任何其他罪行，在法律上均未有充分证据向汤显明提出刑事检控。律政司在小心考虑适用法律、现有证据和御用大律师的意见后作出了不提出刑事检控的结论。

综以上案件所述，香港廉署的内部和外部都有完整的制度链条，一环扣一环，以制度之环直击腐败之链，所以能够成功。现在，香港市民已经对廉署恢复信心。而特区政府的纠错机制，此刻已初见成效。

虽然由于历史和体制背景的原因，内地在纠错机制上无法和香港特区求同，但我们确实应该看到自己的差距和不足，最显见的现象有：

一些制度形同虚设。一些地方党务政务公开等规定悬空虚置，导致群众不知情，权力缺乏监督。

有的相关部门内部监管不力。这是腐败，尤其是基层腐败问题的根本原因。基层监督体制尚不健全，不要监督、不敢监督、不愿监督、不会监督的问题大量存在，导致腐败成本过低。

外部监管缺位。香港廉政公署和新加坡贪污调查局都有对反贪机构本身的外部监督，而我们还缺乏对反贪机构本身的外部监督。

特首犯罪，与庶民同罪——廉署打虎之“曾荫权案”

廉政公署的反贪地位有多独立，反贪力度有多强硬？2014 年判决结案的许仕仁案已经让世人震惊了，没想到，真正的“世纪大案”还在后头，那就是 2017 年 2 月有判决结果的曾荫权案，让全世界人民都看到了什么是“特首犯罪与庶民同罪”的法理。

2017 年 2 月 22 日，在香港高等法院，前特首曾荫权以“公职人员行为失当罪”被判处入狱 20 个月，并被实时收监。作为首个被控告以及被判刑期的特区前最高行政长官，曾荫权案无疑“最有资格”被冠以“世纪大案”，震动了整个香港社会。

曾荫权在特区政府任职多年，曾在东南亚金融风暴中迎战西方“金融大鳄”，也曾与全体香港市民一起齐心抵御“非典”，为香港的稳定和繁荣作出过贡献，但他却倒在一点“蝇头小利”上。

★ 案情回顾

回望曾荫权的事件，导火索是在 2012 年 2 月，香港媒体揭露，曾荫权涉嫌乘坐本港富商的私人游艇来往澳门（曾荫权彼时回应说有付 500 港元作为船票），并且在其间出席一个“江湖饭局”，与此同时，曾荫权被称向雄涛广播的大股东黄楚标承租位于深圳的豪宅作为退休居所，媒体质疑曾荫权是以低于市价的租金承租上述单位，因此被质疑涉嫌利益输送。

报道引起了廉政公署的注意，当月 28 日，廉政公署宣布，决定立案调查曾荫权有无触犯《防止贿赂条例》或公职人员行为不当。

随着调查的深入，对于曾荫权案，廉署不停有新的发现。曾荫权涉嫌在 2010 年 12 月至 2011 年 7 月，建议授勋嘉奖建筑师何周礼时，没有向行政长官办公室秘书长麦靖宇、发展局和授勋及非官守太平绅士遴选委员会披露他聘用何周礼负责单位的室内设计。

而其后，在 2012 年 5 月，政府审计报告指出，在曾荫权的 5 年任期内，其中共出访 55 次，花费 1200 万公币，当中有 41 晚入住了豪华顶级套房，有被媒体质疑在外访期间使用私人信用卡，为公费酒店住宿埋单以赚取信用卡积分。

在 2012 年 6 月，曾荫权在退任搬离礼宾府之时，被媒体揭露将一批价值约 180 万元，由内地商人赠送特区政府作庆祝回归之用的茅台酒，从礼宾府搬至前行政长官办公室，媒体质疑其做法欠妥。

经过廉政公署 3 年多的调查，2015 年 10 月 5 日，在距离曾荫权 71 岁生日不到两天时，律政司正式对他落案起诉，指控他涉嫌两项公职人员行为失当罪。

2016 年 10 月，曾荫权案在香港特区高院预审，法官批准律政司加控一条“行政长官接受利益罪”。

至此，曾荫权共被控诉三项罪名：

第一项为被控的“行政长官接受利益”罪，指他 2010 年 1 月至 2012 年 6 月接受深圳东海花园三联式住宅单位的装修工程，作为行政会议处理 3 项有关雄涛广播牌照申请的回报。

第二项“公职人员行为失当”罪，指他在处理 3 项雄涛广播牌照申请时，未向行会申报利益。

第三项“公职人员行为失当”罪，指他 2010 年 12 月至 2011 年 7

月决定向建筑设计师何周礼授勋时，隐瞒何周礼为其深圳物业做室内设计一事，并以授勋作为回报。

★ 功过不相抵

对于律政司的指控，曾荫权一直自信满满，预审后，离开法院时，曾荫权乐观地说，过去 3 年多，一直全面配合廉署的调查，他问心无愧，深信法庭会还他清白。而曾荫权的太太曾鲍笑薇也在法院外表示，她的丈夫绝对是正直忠诚的人，45 年公职都克尽己任。

的确，在香港发展史上，曾荫权也确实是一位功高至伟的人物。自称“喝香港水，流香港血”的曾荫权，生于 1944 年日占时期的香港，成长于公务员家庭，其父曾任职警务人员，中学时期就读香港华仁书院，预科毕业后担任药厂推销员。

1967 年投考政府二级行政主任，开展 45 年公务员生涯。曾任权担任过沙田民政专员、贸易署署长、行政署长及库务司，1995 年更成为首位华人财政司司长，仕途可谓扶摇直上。

1997 年香港回归，曾荫权继续出任财政司司长，翌年遇上亚洲金融风暴，他率领一众财金官员抵御国际炒家狙击港元，并决定动用政府的外汇储备入市，大量购入港股，打击炒家操控市场，最终成功将“金融大鳄”击退。

2001 年，曾荫权接替辞职的陈方安生出任政务司司长。

2003 年，“非典”期间曾负责统领全城清洁大行动，被外界称作“清洁大队长”。

2005 年，董建华以健康理由辞去特区行政长官，曾荫权参选特首补选成功，正式登上事业的巅峰。两年后，他再竞逐行政长官，以“我会做好呢份工!”作竞选口号，最终击败公民党梁家杰连任。

曾荫权连任后积极推动政改方案，2010 年以“起锚!”为口号，落区宣传 2012 年的政改方案，最终成功获立法会通过，令立法会增加 10 个议席及行政长官选举委员会增加 400 席。此外，他亦在 2011 年实施最低工资政策，保障基层市民生活。

……

但法律面前人人平等，功过不能相抵，曾荫权最终难逃被廉署起诉、被法庭宣判的命运。

★ 法庭宣判

2017 年 1 月 3 日，曾荫权被控“行政长官接受利益罪”及“公职人员行为失当罪”案件，在特区高等法院开审。曾荫权在庭上否认全部三项控罪。

2017 年 2 月 17 日，陪审团就控罪一“行政长官接受利益罪”不能达成大比数裁决；控罪二“公职人员行为失当罪”以 8∶1 罪成；而控罪三“公职人员行为失当罪”则一致裁定罪名不成立。

针对曾荫权案，香港“am730”网站也发表评论称，曾荫权是香港有史以来被判“公职人员行为失当罪”的首位政府最高官员，这件事本身充分体现了香港特区法律面前人人平等的法治原则，也让人替他感到惋惜。

★ 后果与反思

曾荫权是继 2014 年前政务司司长许仕仁贪污案后，香港历史上遭刑事起诉并被判刑的最高级别官员。除了牢狱惩罚，他还面临着一系列巨大的经济和荣誉损失。

由于罪行属刑事罪，他于 2002 年获特区政府颁发的大紫荆勋章可能被剥夺，他作为前特首所享有的礼遇、福利都亦有可能被剥夺。据《香港公务员退休金条例》，若退休公务员触犯任职政府工作有关的罪行或触犯《防止贿赂条例》，每月发放的退休金可能会扣减甚至取消。

正像香港特区前廉署调查主任、立法会议员林卓廷所称，对曾荫权所犯罪行来说，20 个月的刑期合适，相信这次判决说明公职人员做事须“比白纸更白”。

香港社会对社会地位较高的人，要求比一般人高很多。地位高的公众人物一定要比其他人做得更加小心及守法，因为在香港没有特权，职位越高，要求也就越高，稍有不慎，就会触犯刑律。这对所有高位在身的官员，都是莫大的警醒，要永远战战兢兢，如履薄冰。

第十章　把预防工作提升为反腐体系的重要支柱

良医治未病，清风始于心

中医有“良医治未病”的渊源，而在腐败治理上，应知“清风始于心”的道理。

廉政公署最值得学习之处在于他们在全球率先提出“预防胜于治疗”的治本理念，并将其作为廉署工作的基本策略，主动开展防贪工作。廉政公署无论从机构设立、功能配置、运作方式来看，都体现了执法、防贪、教育这“三管齐下”的方针，即在加强对贪污罪行的调查、检控和惩戒的同时，研究如何使用一种高度专业化的防微杜渐方法，来切实防贪堵漏，以减少贪污机会，从源头上治理。

★ 防患于未然是早已有之的治贪理念

廉政公署 1976 年的年度报告中指出，防腐败是公共管理中的一个新概念。事实上，香港反腐败的想法早在 40 多年前就已经存在了，这一工作当时仅仅是侦查的副产品，它并未建立专门的部门来系统地解决腐败问题。后来港英政府建议雇佣一个专门的官员来检查工作程序，以清除各种产生腐败的机会，当时的总督麦理浩接受了这一建议，并又进一步在廉政公署内建立了一个特别的处，其目的是对政府和有关的公共机构就如何最好地消除或至少极大地减少实践和程序中存在的产生腐败的机会提供建议，这一行政部门就是大名鼎鼎的防止贪污处。

当时，防止贪污处是廉政公署中最不公开的处，它的意义在反腐败运动中所起的作用也最好不为公共所了解，它的成员被形容为“暗室里的小伙子”或“幕后人物”。它的缺乏公开性也许是合乎需要的，该处的一位高级官员说出了这样的理由：

“首先，没必要让公众知道他们不需要知道的各种出自特定系统的造成腐败的机会。这明显意味着在防范措施还未制订出来之前，很多人将见风使舵，从而增加这些部门里腐败行为发生的频率。其次，任何这类公开性可以被解释为对有关组织、政府或私人的批评，因而在我们希望取得它们最大限度的支持和协作时又不招致这些组织的愤懑。为了他们在公众心目中的形象起见，最好让人看来这些当事的组织自己在采取行动，正像他们经常做的那样……”可见，防止贪污处的工作一开始就周密地考虑到方方面面的问题，也因此他们的工作开展得更顺利，更有效。

★ 事先进行合法性审查

有了防止贪污处的主动出击，反贪工作更有前瞻性了。廉署一直主动协助政府部门在系统上堵塞贪污漏洞，加强内部监察，简化程序及增加透明度，从源头上预防腐败。当政府部门制定新的法律或政策时，廉署防止贪污处会主动、及时介入，对拟制订的法律或政策的必要性、合理性、缜密性、程序性等方面问题进行审查，告知立法者其中存在的漏洞，并提出务实的、易操作的消除建议。除法律和政策审查外，廉署还主动对政府和公共机构的工作常规和程序进行审查，评估风险，并写出详细的审查报告，提出相应的防贪建议，提前介入，消除贪污隐患。廉署还与政府各部门建立了密切合作伙伴关系，联合建立防贪小组，共商防贪对策。通过廉署的源头治理，提高了政府部门和公共机构的公正和透明度。

由此可见，廉署反贪模式的高明之处在于采取防贪、反贪、全民教育“三管齐下”的综合策略，很重视预防及教育工作，将反贪中心前移，重在事先治理。令我们非常感动的是，他们并没有因为介入政府部门的工作而被敌视，反而彼此成为很好的合作伙伴，这是难能可贵的。可喜的是，内地经过监察体制改革，各级监察部门的权限更明晰了：主要对本地区所有行使公权力的公职人员依法实施监察；履行监督、调查、处置职责，监督检查公职人员依法履职、秉公用权、廉洁从政以及道德操守情况，调查涉嫌贪污贿赂、滥用职权、玩忽职守、权力寻租、利益输送、徇私舞弊以及浪费国家资财等职务违法和职务犯罪行为并作出处置决定，对涉嫌职务犯罪的，移送检察机关依法提起公诉……从这些规定中可出，监察机关权限覆盖的范围更广了，介入方式也积极主动了很多，而且不再是过去那种事后性的调查处理和被动性地对控告检举的受理，事前防御的色彩渐渐浓了。

提高群众的参与度和反腐热情

廉政公署的另一个成功秘诀，是让公众成为反腐合作伙伴。廉政公署那句经典的广告词“香港，胜在有你和 ICAC”，一个“你”字反映出廉政公署的反腐理念。“反腐没有观众席，人人都是参与者”，反腐败是一项复杂艰巨的工程，靠廉政公署单打独斗势必力有不足，只有得到全体港人甚至是路人的支持和帮助，才能如虎添翼；只有尊重人民、发动人民、依靠人民，才能布下天罗地网，让腐败分子无处藏身，让腐败行为难逃严惩。

★ 拉近与群众的距离

为了唤起市民的参与感，廉政公署想尽各种办法来拉近与市民的距离。

迄今，廉署已经举办了多次开放日活动，市民可以深入廉署各个角落参观，有不少市民是全家总动员一起来参观。一些带着孩子来参观的家长表示，希望通过参观，从小教导孩子认识到公平和廉洁的重要性。

除了定期举办公众开放日活动，廉政专员每年都要公开一个年报，市民可随时联络任何一间廉政公署分区办事处取得有关反贪污法例及廉政监察工作的资料，新闻媒体也有权利报道廉署对反贪案件的处理情况。香港廉政公署的特色体现在它的透明度和公开度，让民众感觉到廉署的事就是自己的事，这是维系市民信心和支持的一项关键因素。

换一个角度看，既然腐败威胁的是每个人的利益，那么，反腐就应该是每个人的事，每个人都有知情权和获知权。

香港民间流传着这样一个故事：一个人乘坐出租车，在路上他不经意地和司机聊起刚刚向别人行贿的经历，结果司机并没有把他送到目的地，而是直接把车开到了廉政公署。这个故事反映出香港市民打击贪腐的积极性之高，揭贪反贪几乎成了他们的生活方式。

在这样的社会环境下，腐败可谓是“过街老鼠——人人喊打”。暴露的风险如此之高，贪污的代价如何之大，腐败存活的空间实在是少之又少，清廉的社会风气就是这样炼成的。

而在内地，反腐总是和平民百姓有着一定的心理距离，仿佛反腐是国家的事，是领导的事，是某些公职人员的事，被老百姓“束之高阁”。

★ 举报人保护措施周详

即使群众有心去参与举报反腐，若是参与的风险太大，害怕遭受打击报复的恐惧心理也会阻止群众参与。廉政公署在保护举报人的安全方面做得非常周详。

所有举报资料只会存放在机密档案内。“廉署保密，密密实实”的口号早已深入人心。廉政公署承诺不会泄露举报人的身份和举报内容，只有获授权人士，例如负责调查该宗案件的调查员或其他指定的廉署人员在“有需要知情”下才可翻阅这些资料。任何人如泄露举报人信息，一经定罪可处罚款及监禁。

举报者在电话举报之后，无须到廉署录口供，如果有需要，廉署会安排举报人到保密地点录口供，以保证举报人的安全。此外，如被告认罪或法庭接纳举报人的书面证供，举报人便无须出庭。

举个最简单的例子，举报谢霆锋“顶包案”的人，到现在依然未被知晓。这样的保密措施无异于给全体参与反腐的港人吃了一颗“定心丸”。

★ 内地举报人保护工作现状

和廉署比起来，内地举报人的保护工作现状比较堪忧，比如：

①举报人保护范围较为狭窄

修改后的《中华人民共和国刑事诉讼法》规定了公检法机关应当负有保障举报人及其近亲属的安全的责任。从举报人保护的范围来看，保护对象仅限于举报人及其近亲属，这样的规定将许多潜在的受害者排除在了法律的保护之外，这与法律的公平正义原则是相悖的，同时也违反了法律面前人人平等的立法准则。

②举报人保护手段匮乏

首先，法律中没有明确规定保护举报人的相关人员、资金来源；其次，法律没有明确规定对举报人信息保密的方式方法和程度；最后，缺乏对违反保密措施后的补救方法和应承担何种法律责任的规定。

公民参与监察举报是公民的一项基本权利，保障公民举报权的顺利行使则是国家的义务。举报人作为良知和正义的代表，主动挺身而出，奋力与邪恶做着斗争，保护他们的人身和财产不受非法侵害是法律义不容辞的责任，他们更不应该为举报而牺牲自己的财产乃至生命。因此，只有做好了各项保护举报人的工作，给予举报人以强大的安全感，才能使公民更加信任政府、积极参与反腐，和腐败分子放手一搏，从而扩大公平正义。

宣传到位，诚信廉洁蔚然成风

铲除滋生贪污的文化土壤和社会基础，是反贪成功的必由之路。对此，廉政公署高度重视廉洁宣传教育工作，教育针对性强，根据不同群体的特点制定教育策略。通过观察，我们发现廉署廉政教育的触角几乎覆盖了市民生活工作的各个方面和领域，做到“无微不至、无孔不入”。

★ 人群全覆盖

在香港特区全部人口里面，绝大部分市民都听到过防贪教育信息，但是永远都有新人口，包括新生代和来港人士。

针对来港人士，廉政公署通过最能触达的大众媒体，比如地铁广告、海报等宣传形式进行宣传。廉署的宣传广告，和香港警察部队的招聘广告一样，制作得特别“型酷”，特别能吸引路人。比如2008年底，到香港的人搭乘港铁时都会看到电梯扶手旁有一系列特别的宣传海报，分别是漂亮的女孩、酷酷的停车场男生、面容成熟的餐厅侍应生。特别之处是他们都戴了一副黑色眼罩，那眼罩让他们本来清秀的面孔有种突兀的另类感，给人印象深刻，但也格格不入，乍看以为是哪家品牌的新广告。然后在列车上看到同一则广告的电视版，广告词是“双眼开，双眼闭，你以为好型?”才知道这是廉政公署的广告，旨在告诉观众，对发生在自己身边的贪污不要“双眼开，双眼闭”，随时举报。

针对新生代的教育工作要持续，特别是对于青少年来说，比较容易接触到新事物，现在，廉政公署尤其重视对他们的防贪教育，侧重于在新媒体上发布相关信息。

★ 手段“全品类”

比如通过廉政广告、电视剧集、青少年话剧、互联网等传播方式，运用地铁月台、巴士车身、公共电话亭等载体，广泛宣扬廉洁意识。在廉署不懈的努力下，市民对贪污的态度从默默隐忍转向普遍唾弃，诚信廉洁蔚然成风。廉署经常与民众接触沟通、不遗余力地宣传，从基层到高层，从部门到政府，从群众到领导，传播肃贪倡廉的信息，让全社会都了解和参与肃贪的工作目标，反贪工作收到了润物细无声的效果。

廉政公署的防贪宣传工作值得我们认真学习和借鉴。虽然近几年我们的反腐宣传工作也有提升，比如开始出现了公益广告和宣传片的形式，但和香港特区比起来还有差距。

我们需要改善的地方主要有以下几方面。

首先，从起点上，内地对反腐宣教工作重要性的认识不够深入。很多人把反腐宣传当作一件很随意、可做可不做的、形式上的小事。实际上，宣传教育是反腐倡廉的基础性工作，是构建惩治和预防腐败体系的重要组成部分，也是构筑党员干部拒腐防变思想道德防线的根本途径。

其次，我们的反腐宣传受众面较窄，反腐宣传还暂时集中于党政机关内部。今后要致力于扩大群众参与面，让反腐宣传走出庙堂，走向民间。改变一般化、简单化、常规化的教育模式，由重声势向讲实效、号召动员向真情感召、单纯灌输向综合渗透转变，做到潜移默化、润物无声。

再次，我们的宣传方式不够亲民，也就是不够接地气，反腐宣传工作最好运用生动活泼、群众喜闻乐见的形式，把廉政文化表现出来。做到既有情趣高雅的“阳春白雪”，也有通俗易懂的“下里巴人”，百花齐放，雅俗共赏。这样宣传的载体才能真正触达，思想内容才能为人们所汲取。

最后，反腐倡廉宣传教育具有长期性和艰巨性，要确保长抓不懈，取得实效，必须建立长效机制。可以考虑建立专门的宣教机构，类似于社区关系处，确保反腐宣传教育工作长期有人做，专门研究。

从上述几方面入手，持之以恒，一定能尽快在全社会营造风清气正的生活和工作氛围。

加强公务员队伍廉政建设，标本兼治

廉政主要是对政府而言，而政府是否廉洁，又是通过公务员的行为来体现。因此，公务员的良好职业修养，对于抵制贪污腐败、保持清正廉明是至关重要的。

在公务员队伍的廉政建设上，香港特区的模式至少有以下几个方面可供我们借鉴。

① 坚持公职部门的反腐与其他机构的治理相结合，推行全方位的反腐倡廉策略

香港劳动人口一般分为 3 种，即政府公务员、公共机构职员和私人机构雇员。所谓公共机构是指与市民日常生活关系密切，且可能是专利专营和接受政府资助的，如巴士公司、地铁公司、煤气公司、电气公司、大学、马会等，其职员虽然不属于公务员，但同公务员一起被称为公职人员。在政府部门和公共机构无疑必须开展反腐败斗争，接受反腐败条例的约束。

以香港情况而言，私人机构最普遍，其雇员人数最多。廉署最初的肃贪范围，主要集中在政府部门和公共机构，涉及私人雇员的多为行贿活动，至于私人机构内部的贪污，当时可说无暇顾及。但若对私人机构内的贪污腐败长期采取视而不见的态度，必将祸及整个社会。因为贪污作为一种社会犯罪现象，是不会因为公营或私营而选择贪污范围的。相反，日益复杂的贪污犯罪只能使两者界限更模糊，关系更密切，形成“你中有我，我中有你”的错综复杂关系。因此，廉署后来推行全方位打击贪污举措，而且将防贪污和教育的触角也伸入其中，包括帮助私人机构制定工作程序防贪堵漏措施，加强对私人机构雇员的廉政教育，等

等。现在据数字显示，廉政公署每年收到的贪污投诉有三分之二都与私营机构有关，这充分证明廉署的举措是正确的。

在内地，官商勾结的现象比较普遍，因此也需要推行全方位的反腐倡廉，对来自私营企业的贪腐现象不能袖手旁观。

② 以人为本，依法管理

香港特区政府对公务员自身管理工作坚持以人为本和依法管理的基本准则。1997 年香港回归后，其公务员管理的法律依据首先是《香港特别行政区基本法》；其次是《公务人员（管理）命令》《公务人员（纪律）规例》和《公务员事务规例》这 3 个重要文件，比较详细地确立了香港公务员管理的可操作性制度；最后还有《公务员守则》和《公务员叙用委员会条例》以及一系列的法案等，确立了公务员的职业操守和公务员管理特殊的平衡约束制度。这些条例制订得非常细密严格，对公职人员的防范近乎苛刻，甚至有点“不近情理”。如《防止贿赂条例》第四条，香港特区政府和绝大部分公共机构不准雇员从公事中收受利益（包括礼物、借贷、报酬或佣金、任何职位或契约、代支付或免除清还任何贷款、任何服务或优待等），接受朋友的馈赠不能超过 400 元，向亲友以外的人借贷不能超过 1000 元。任何政府雇员如果拥有与收入不相称的财产而又无法提出合理解释，即属违法。

与这些要求配套的，是关于公务员本人的利益申报制度：每年须申报在香港及香港以外地区的所有投资；任何相等于或超过 20 万港元的单项投资交易，必须在交易后 7 天内申报；每年须登记若干利益，供市民查阅。

其实在香港，利益申报不只约束公务员，作为廉洁文化的一个体现，这一机制其实对很多机构、部门的公共任职人员都有制约。学校的校长需要利益申报，立法会议员需按规定申报利益，甚至很多私营公司的经理，也需要申报利益。这一机制的全面施行，根本目的只有一个，就是要建立一个透明公开的环境。

③ 培育理念，致力于培养公务员的良好职业道德

香港特区政府重视公共服务工作，倡导公务员服务社会和服务市民

的基本理念，如组织或个人的“理想”“使命”“信念”“品行和纪律”等。倡导并要求公务员做到坚守法治，为民服务；诚实可信，廉洁守正；行事客观，不偏不倚；政治中立，有责任感；尽忠职守，专业勤奋；化繁为简，齐心协力；积极进取，不断学习等。这些为民服务的理念，会贯彻到日常事务和培训工作中去。

特区政府为培养公务员的职业道德，十分重视树立公务员的社会责任感和进行公务员行为规范教育，要求公务员无论何时都要谨记自己是政府的代表，切不可有使政府尴尬或损害公务员荣誉的行为。主管人事管理的特区政府公务员事务科向每个公务员散发一本《公务员良好行为指南》，规定了公务员在工作、礼貌、忠心、诚实、服从等方面的行为准则。廉政公署开展的教育也以公务员为主要对象，目前香港已形成一个受过良好教育的年轻的公务员阶层，他们在社会责任感和职业道德方面都令人满意。因此，近年来香港公务员廉洁程度大为提高才成为现实。

在香港特区，和政府部门的公务员打交道，最直接的感受是，接触的公务员都非常礼貌、有效率，愿意尽可能地为市民提供服务。如果做不到，也一定会有非常详细的解释和说明，没有推诿和不搭理的现象。很多的首长级公务员，更是在言谈中由衷地透露出对所在部门的自豪和使命感，这和内地某些公务员身上的官僚气完全不同。

④ 以俸助廉，合理改善公务员的薪酬福利待遇

在以德养廉的同时，香港特区政府也注重以俸助廉，不断改善公务员的酬薪福利待遇，作为防止政府工作人员利用职权贪污受贿的辅助措施之一。

香港特区公务员不仅同样享受良好的福利和津贴（包括免费公立医疗和住房津贴等），收入也比一般的私人机构雇员要高一些，并且只要表现好，薪酬水平每年都能有所上调。这样的制度来自香港对于公务员薪酬安排的政策目标，“提供足够薪酬和去吸引、挽留及激励合适人才，为市民提供高效率和具有成效的服务。这个薪酬应是公务员本身及他们所服务的市民都认为是公平的”。为了确保公务员薪酬的公平性，香港

政府使用“薪酬水平调查”和“薪酬趋势调查”来制定和调整公务员的薪酬。根据 2017 年的薪酬薪级图，香港特区公务员分为约 50 个薪级，月薪从 1.8 万港元到 23.7 万港元。

这样的薪酬设计令公务员“衣食足，而后知廉耻”，从而减少贪念。

其实，以德养廉和以俸助廉不是互相独立的，而是相辅相成的。公务员职业道德败坏，再高的薪酬也无法遏制贪欲；如果公务员待遇偏低，生活开支上捉襟见肘，寅吃卯粮，就很容易被金钱所诱惑。因此，以德养廉和以薪助廉，是我们应当借鉴的有香港特色的廉政经验。

肃贪倡廉与时俱进，专业化程度高

廉政公署事前治理的反贪思路，也体现在他们的工作具有前瞻性，与时俱进，不被动落后。

从 20 世纪 70 年代到现在，香港的社会发展经历了几个阶段，经济发展呈现出不同的特征，肃贪倡廉工作也不断面临新情况、新问题、新挑战，廉署顺势而为，因时因势调整工作重点、提升业务素质、更新工作方式，做出积极应对，始终做到与香港经济发展同步，甚至是早一步，这也是廉署防贪工作的重要特征之一。

一是及时调整工作重点。廉署成立初期，在公务员队伍内部整治贪腐之风是工作重点。经过 3 年左右的综合治理，在公众心目中，公务员队伍逐渐树立起廉洁自律的良好形象。而随着经济发展，私营领域的灰色地带、潜规则又成为影响社会公平正义的隐患，意识到这一点后，廉署及时将工作重心从政府部门转移到私营机构，加大对私营领域贪污的打击力度。在教育方面，应商界的要求，于 1995 年 5 月成立了道德发展中心和道德发展咨询委员会，在香港大力推广商业道德。与各行各业共同实施伙伴策略，建设防贪网络，通过举办专业道德会议、编制专业道德实务指引、制作培训教材、媒体报道等方式，推行管理层诚信领导计划。对大学生开展诚信专业培训，使其步入社会之前具有良好的品德操守，以免落入贪污陷阱。在预防方面，针对不同行业的不同特点，为他们提供“防贪锦囊”。值得一提的是，廉署对工作方向与工作重点的调整，都是建立在专业、准确的数据统计基础之上的，这也增强了工作的预见性和规划性。

二是不断提升专业水平。廉署根据时代和形势的需要，不断提高队伍的专业化水平，确保他们在技术上不落后。防止贪污处职员中不少具有专业资格，如会计师、核算师、工程师、测量师和咨询科技专才等，因其具有较高的专业水准和丰富的实践经验，很容易发现各个行业容易滋生腐败的环节，并根据存在的漏洞制定防贪措施。社区关系处下细分媒体组、设计组、编导组、教材组等小组，如设计组就专门招聘了一批专业人才，为设计海报、编写剧本提供专业支持，除拍摄剧集等牵涉太多人力物力的工作需与电视台一起合作完成外，其他的大部分工作都由本部门的职员承担。同时，廉署为每一个新入职的员工制定了全面的培训计划，包括法律条文、语文、电脑、管理、内地研究等课程。执行处的助理调查主任的训练长达 4 个月，学习内容包括调查程序及技巧、监视行动、急救、自卫和枪械使用等。社区关系处及防止贪污处职员的培训内容则主要是沟通技巧、表达及主持讨论技巧、顾问服务技巧、认识不同行业的运作和被派驻廉署举报中心实习等。而在职的培训和进修课程则更为丰富，包括了领导才能、谈判技巧、督导管理、公共事务知识、变革管理、管理策略、危机处理及决策、传媒沟通技巧、指挥课程等。通过这些综合立体措施，廉署打造了一支专业化程度很高的队伍。这支队伍，就是廉署打赢反腐战役的精锐部队，一直以来，他们战无不胜，攻无不克。

纵观以上各种经验，审视廉政公署 45 年的成功运作，最主要的经验就是全民反腐、机制反腐、法治反腐、标本兼治。廉署模式，值得全世界推而广之。

后　记

我在香港特区工作期间，经常看到有内地团组到廉政公署参观学习的活动。在香港岛北角的海边，有一幢全玻璃幕墙的25层大楼，虽然在周边高楼的包围中并不起眼，但有机会进入参观，着实令人兴奋，它就是廉政公署（ICAC）的总部。

廉政公署（ICAC）在香港人的心目中一直都有一个非常崇高的位置，而“香港胜在有ICAC”这句话也伴随着许多香港人的成长，香港被公认为世界上最廉政的地区之一，廉政公署功不可没。

有一组数据可以更加形象地说明香港市民对廉政公署的信任。在2012年廉政公署收到的所有举报中，有近75%为实名举报。在香港打击贪腐早已不是公权力机关在“孤军奋战”，而是香港市民自觉自发的公民意识和核心价值，是香港人对法治精神的寄托所在。正是有赖于全港700多万人的自律和“零容忍”，才在每个人的心中造就了一座打击贪腐、坚不可摧的ICAC。

无论在哪里，反腐倡廉都是大家的共同愿望，也是国家繁荣昌盛的基本保障。我们正处在社会经济发展的新时代，逐步形成适合我们的行之有效的反腐倡廉机制，使反腐倡廉工作取得更大成就。

本书在策划过程中得到许多良师益友的帮助。在此，特别感谢中共中央党校（国家行政学院）出版集团董事长张仲宇先生，燕秋老师，他们为此书出版付出了很多努力。另外，在撰写的过程中也参考了其他文献和读物中的一些事例和数据。参考书目主要包括：《香港廉政公署》（中国书籍出版社）、《廉政公署》（时英出版社）、《静默的革命》（中华书局）、《反贪停不了》（三联书店）。在此表示感谢。

由于作者水平有限，错误纰漏难免，恳请同行及专家批评指导，不胜感激。

王捍忠

2018 年 1 月 31 日于北京